Inhalt

1 Statt eines Vorworts *9*

2 Einleitung *15*

3 Hetze und Langeweile *25*

4 Gedanken über das Denken *37*

5 Unrast, Hetze, Zerstreuung oder:
  ich bin dann mal da … *47*

6 Die Beschleunigung *59*

7 Zeit und die Kunst des Lebens *69*

8 Tödliche und schöpferische Lange-Weile *95*

9 Innerer Monolog über das Wesentliche
  und Unwesentliche *127*

10 Zum Gesunden der Seele *141*

11 Gedanken über den Sinn des Lebens *153*

12 Statt eines Nachworts *163*

13 Anmerkungen *169*

14 Leseempfehlungen *173*

«… deshalb bin ich ja zur einzigen Revolution übergegangen, die etwas bringt, nämlich die, die in einem selbst stattfindet. Wozu die anderen führen, siehst du ja. Alles wiederholt sich, immer wieder, denn ausschlaggebend ist letztendlich die menschliche Natur. Und wenn der Mensch sich nicht ändert, wenn der Mensch keinen Qualitätssprung schafft, wenn er nicht auf Gewalt verzichtet, auf die Herrschaft über die Materie, auf den Profit, auf seinen Eigennutz, dann wiederholt sich alles bis in alle Ewigkeit …»

Tiziano Terzani[2]

Statt eines Vorworts

«Der Zufall ist die Form, die Gott wählt, um inkognito zu bleiben.»

Jean Cocteau

Unsere Zeit ist von zwei Extremen geprägt: Auf der einen Seite lösen sich in rasender Geschwindigkeit traditionelle Bindungen, Systeme, Verhaltensweisen, ja ganze Kulturen immer mehr auf, auf der anderen Seite verfestigen sich immer mehr Denk- und Handlungsstrukturen, wenn wir nur an diverse politische «Programme», Vorurteile, Überbürokratisierung, Überwachung, Reglementierungen u. Ä. in fast all unseren Lebensbereichen denken – und ein Ende ist nicht abzusehen.

Wie kann es trotz allem dem Einzelnen gelingen, gemäß seines Lebensentwurfs kreativ bzw. spontan zu leben und seine Individualität frei zu entfalten?

Ich denke, eine wesentliche Möglichkeit ergibt sich durch das tägliche Gewahrwerden des «günstigen Augenblicks», also dem, was uns das Leben selbst entgegenbringt und den wir aus freien Stücken ergreifen und gestalten können. Diese Momente haben die alten Griechen «kairos» genannt! Diese Augenblicke sind im Leben immer vorhanden, wenn wir beispielsweise nur an die Begegnung von Mensch zu Mensch in der Bahn, im Flugzeug oder an der Kasse eines Supermarktes denken. Wir müssen nur wach und mutig genug sein und uns auch letztlich hinterfragen, ob es immer sinnvoll ist, unsere Vorstellungen und Meinungen von Mensch und Welt, also unsere Ideale, dem Leben einzuprägen. Schon Goethe meinte einmal sinngemäß, dass man

nicht versuchen solle, eigene Ideale ins Leben hineinzu-
pressen, sondern lieber das Leben selbst zum Ideal zu
erheben …

Die chinesische Kultur war und ist deshalb auch
so erfolgreich, weil man dort nicht von dauerhaften
Modellen als «Weltbeglückungsideen» und unveränder-
lichen Programmen ausgeht – und ich meine hiermit
gewiss nicht das politische System –, sondern von den
jeweiligen Lebenssituationen selbst, von den räumlichen
und zeitlichen Gegebenheiten und auch Unzulänglich-
keiten – sogar vom Chaos, das es kreativ zu gestalten
gilt.

Ein wenig von dieser Lebenshaltung würde uns in der
westlichen Welt auch guttun und wir haben dafür sogar
ein bekanntes historisches Vorbild: Napoleon.

«Ein Sieg auf dem Schlachtfeld ist oft nicht von der
Strategie, sondern den Umständen abhängig, wie Tolstoi
dem Leser in *Krieg und Frieden* vor Augen führt. Darin
beschreibt er, wie österreichische und russische Generäle
am Vorabend der Schlacht von Austerlitz noch einmal
ihren Plan durchgehen, den sie für die ideale militä-
rische Strategie halten. Sie sind zuversichtlich, dass sie
Napoleon schlagen werden; seine Armee ist weit entfernt
von den militärischen Stützpunkten, sie ist auch kleiner
als die vereinigten österreichisch-russischen Streitkräfte,
befindet sich seit Tagen auf dem Rückzug und wird in

einer ungünstigen Stellung kämpfen müssen. Napoleon dagegen scheint sich um die Schlacht keine Gedanken zu machen, er entwirft nicht einmal einen Schlachtplan. Am frühen Morgen trifft er gut gelaunt auf dem Schlachtfeld ein. Er ist verliebt, enthüllt uns Tolstoi, und strotzt wie alle Frischverliebten, deren Liebe erwidert wird, nur so vor Optimismus. Während die feindliche Truppen Napoleon einkreisen, kommt auf einmal Nebel auf und blockiert die Sicht. Die österreichischen und russischen Soldaten, Offiziere und Generäle verlieren völlig die Orientierung. Sie können ihren ausgeklügelten Plan nicht umsetzen, weil sie nicht erkennen, wo sie sich befinden. Hilflos stürzen die Koalitionstruppen ins Chaos. Durch das unvorhergesehene Ereignis – den Nebel – hat sich das Blatt gewendet. Napoleon improvisiert und nutzt die Situation zu seinen Gunsten. Er greift den Feind im Nebel an, durchbricht dessen Verteidigungslinien und gewinnt die Schlacht …

Er nutzte die vorhandene Situation und passte seine Strategie entsprechend an. Eine Krise, der Nebel, wurde zur Chance, ‹mit dem Sturm zu reiten› und die Schlacht zu gewinnen. In der chinesischen Kultur sind Modelle sinnlos, weil sie Idealbedingungen erfordern, die nichts mit der Realität zu tun haben. Man erringt den Sieg, wenn man nach günstigen Faktoren sucht und sich diesen anpasst, so wie beim Nebel von Austerlitz.»[3]

Napoleon ist etwas passiert, was er geistesgegenwärtig zu seinen Gunsten wenden konnte. Man könnte sich in Zeiten zunehmender Verplanung und Absicherung unseres Lebens daran ein Beispiel nehmen und dem «Zu-Fall» wieder die ihm gebührende Ehre erweisen.

Die Welt durchwaltenden Schicksalskräfte sind ja immer gegenwärtig und müssen nicht extra theoretisch konstruiert werden! Sie warten in jedem Augen-Blick auf die Intuition des Einzelnen, der sie in ihren Auswirkungen im Leben erkennt und nicht durch seelische Stumpfheit und allerlei Theorien verschläft.

Es könnte für jeden Menschen zur Lebensgewohnheit werden, sich immer wieder zu sagen, dass an jedem einzelnen Tag so viele Ereignisse möglich sind, dass durch jeden richtig ergriffenen Augenblick unsere Zeit gekommen ist …

Olaf Koob, Berlin 2008

Einleitung

«Denn alle Informationen, die aufgenommen, registriert, beurteilt,

aussortiert, gelagert, bedacht wurden, sind für das eigene Leben

nur dann relevant, wenn sie auch in Handlung umgesetzt werden

und es von daher die Chance gibt, die Qualität des eigenen Lebens

wirklich zu verändern. Wenn das nicht geschieht, dann bleiben

Informationen letzten Endes nur eine Ablenkung vom eigenen

Wahrnehmen und Denken. Sie werden zu einer Innenweltver-

schmutzung ohne Sinn und Nutzen.»

Olaf Georg Klein[1]

Die Frage nach der Gestaltung bzw. dem Sinn des Lebens begleitet die Menschheit seit undenkbaren Zeiten. Dass das Leben nicht nur eine Quantitäts-, sondern auch eine Qualitätsfrage ist, scheint sich – trotz der Gefahr, dass alles zur Ware gemacht wird – allgemein herumgesprochen zu haben, wenn man nur an die Frühvollendeten denkt, die in wenigen Jahren große und zeitlose Werke geschaffen haben. Das eigene Leben, also die Zeit, die uns als Erdenzeit zur Verfügung steht (und die jederzeit vom Ende her bedroht ist), richtig und vor allem *sinnvoll* auszufüllen, ist ein elementares Grundbedürfnis jedes Menschen, der sich selbst (noch) nicht durch «Bilderfettsucht» und nutzlose Informationen blind gemacht hat. Bücher über Glücksformeln, Lebenskunst, Gesundheit und Fitness, Lebensverlängerung etc. gibt es in Hülle und Fülle. An leeren Häuserwänden finden sich ironische «Sinnsprüche» wie: «Der Sinn des Lebens ist das Leben selbst.» Oder: «Wenn Sie das Leben so gut kennen, so geben Sie mir doch bitte seine Anschrift.»

Wenn wir gewöhnlich über «Leben» sprechen, so meinen wir nicht nur unseren individuellen Lebens-Raum, den wir nach unseren eigenen Bedürfnissen gestalten, um uns darin wohl zu fühlen, sondern vor allem auch unsere Lebens-Zeit mit ihren diversen Krisen und Entwicklungsschritten und den uns umgebenden Zeitgeist, in dem wir uns frei entfalten oder aber gehindert werden bzw. sogar scheitern können, was sehr viel mit unseren individuellen Glücks- bzw. Unglücksgefühlen zu tun hat. Der Umgang mit der uns zur Verfügung gestellten Zeit, ob als Hetze, Muße oder Langeweile erlebt, ist eine persönliche Bewusstseinsfrage und beinhaltet unser Verständnis von den wesentlichen und unwesentlichen Dingen.

Wenn Leben nicht nur rein vegetativ verlaufen soll, so muss die andere Seite des Lebens, das Denken über die Dinge, also unser Bewusstsein, genauso hinterfragt werden. Durch Muße, in der wir vergangene Ereignisse reflektieren und somit unser Wissen und Verhalten prüfen, können wir unser Leben immer mehr von innen und in unserem Sinne steuern. Über Jahrtausende hinweg haben sich Weise, Gelehrte und Philosophen mit den zuvor angeschnittenen Fragen beschäftigt und über den Sinn des Lebens nachgedacht – und doch, nur was sich durch diese zeitlosen Gedanken in uns selbst, in unserem Willen und Gemüt wirklich verändert, hat für das Leben und unsere Welt, unsere Mitwelt, aber auch Nachwelt, eine Bedeutung. Insofern soll hier nichts erfunden, sondern höchstens wiedergefunden und neu bedacht werden, um vielleicht inhaltsvollere Ziele im eigenen Leben anzustreben.

Wir werden uns also mit grundlegenden und zugleich spannenden Fragen wie Zeit – sowohl objektiver als auch subjektiver Art, dem sinnvolleren Umgang mit ihr, ihrem inneren Wesen – auseinanderzusetzen haben. Die Griechen der Antike hatten wohl recht, wenn sie von einer gemessenen äußeren Zeit («chronos») und dem Ergreifen des rechten Augenblicks, der inneren Zeit («kairos»), sprachen. Wesentliche Erkenntnisse hat uns der französische Philosoph Blaise Pascal im 17./18. Jahrhundert in seinen *Pensées* (Gedanken) überliefert, die auch heute noch Gültigkeit haben, da sie sich mit fundamentalen Seelenproblemen wie Zerstreuung, Langeweile, Sinn des Lebens und auch der Bedeutung richtiger Gedanken auseinandersetzen. Kann man, so muss man an dieser Stelle fragen, überhaupt von einem allgemeingültigen «Sinn des Lebens» sprechen? Eher vielleicht noch von einem «Sinn *für* das Leben»!

Leiden wir Heutigen nicht vermehrt darunter, dass trotz endloser Diskussionen in Politik und öffentlichem Leben so wenig umgesetzt wird, was unsere Lebensqualität erhöht? Hatte Schiller nicht doch recht, wenn er beklagte, dass, wenn Gedanken nicht den Kern der Person ergreifen und umgestalten, die «theoretische Kultur» (in der wir heute vermehrt leben) mit ihren lebensfremden Vorstellungen immer mehr «innerliche Barbaren» erzeugt? Erst wenn der Mensch sich aus seinen alten Denkmustern befreit und – im Sinne des obigen Zitats von Terzani – einen wirklichen Qualitätssprung im Inneren vollzieht, ist Hoffnung gegeben, aus der «Wiederkehr des ewig Gleichen» (Nietzsche) herauszukommen. Lebt denn der Mensch heutzutage noch aus Ideen, Idealen und Utopien oder hat der Soziologe Wolf Lepenies recht, wenn er das Ende der Utopien mit der Wiederkehr von Melancholie und innerer Leere (Langeweile) in Beziehung setzt? Vielleicht liegt hierin auch einer der Schlüssel von Unzufriedenheit, Pessimismus und Wohlstandsdepressionen, die man ja gern uns Deutschen anhängt und die uns zu einer «klagenden Klasse» macht, weil es uns an Visionen und Idealen mangelt?! Gibt es in den Zeiten, in denen die Erwerbsarbeit immer mehr verschwindet, noch den alten Trost: Arbeiten und nicht verzweifeln!?

Müssen wir nicht auf vielen Lebensgebieten, bedingt durch die historischen Umbrüche, unsere alt gewohnten Begriffe generell neu definieren – so zum Beispiel nicht nur den Begriff «Arbeit», sondern auch den vom «Arbeit-Geber»? Da dieser immer mehr durch Rationalisierung und Automatisierung Arbeit zum Verschwinden bringt und sie somit den Menschen wegnimmt, wird er doch eigentlich zum «Arbeit-Nehmer»! Und da ja angeblich auch Zeit Geld ist, so müssten ja alle Arbeitslosen schon längst Millionäre sein …

«Das heute drohende Verschwinden der Erwerbsarbeit wird daher massenhaft melancholische Dispositionen freisetzen, deren Kontrolle die Freizeitindustrie vor unerhörte Herausforderungen stellt: Anstelle von Entspannung, die Arbeit und Mühe kompensiert, müssen in Zukunft vermehrt künstliche Spannungen aufgebaut werden, deren Bewältigung den von Arbeit freigesetzten Menschen als Handlungsersatz dienen kann. In der Nichtarbeitsgesellschaft der Zukunft wird damit zugleich die Melancholie (und im Gefolge die Langeweile, O. K.) ihr Signum als Temperament der Elite verlieren und zum Allgemeinbefinden herabsinken.»[5]

So ist jeder Einzelne aufgerufen, sich in echter Selbsterkenntnis zu fragen: Welche Motive hast du, mit denen du deine Lebensziele anvisierst?

Lassen wir uns von dem großen russischen Schriftsteller Tolstoi erzählen, was aus Hetze und der Gier nach immer mehr Besitz resultiert:

Berichtet wird von einem einfachen Bauer, dem es das größte Lebensglück bedeutet, immer mehr Grund und Boden zu erwerben, und der durch Neid und Streit mit seinen Nachbarn sich genötigt fühlt, eigenen Grund und Boden zu verlassen, um in einer anderen Gegend für weniger Geld noch mehr Land zu besitzen. Von einem durchreisenden Kaufmann, in dem der Teufel steckt, hört er von einem entfernten Gebiet jenseits der Wolga, in dem der Stamm der Baschkiren lebt, dass er dort so viel Land für nur 1000 Rubel erwerben könne, wie er von Sonnenaufgang bis Sonnenuntergang umrunden kann – vorausgesetzt, er ist bei Sonnenuntergang pünktlich wieder da angekommen, wo er morgens losgelaufen ist. Die Habgier wird so groß, dass er vor lauter Fantasie die Nacht davor kaum schläft und grauenhafte Träume hat … Also für wenig Geld ein echtes Schnäppchen und noch all inklusive!

Abgehetzt und am Ende seiner Kraft kommt er in letzter Sekunde am vereinbarten Ziel an und … bricht tot zusammen.

Wie viel Land bzw. Erde braucht also ein Mensch wirklich? Sein Knecht grub ihm ein Grab: «Es war drei Ellen lang, gerade so groß, wie er selber vom Kopf bis zu den Füßen maß. So viel Land wurde ihm zuteil – als Grab.»[6]

Beherzigung

Ach, was soll der Mensch verlangen?
Ist es besser, ruhig bleiben?
Klammernd fest sich anzuhangen?
Ist es besser, sich zu treiben?
Soll er sich ein Häuschen bauen?
Soll er unter Zelten leben?
Soll er auf die Felsen trauen?
Selbst die festen Felsen beben.

Eines schickt sich nicht für alle!
Sehe jeder, wie ers treibe,
Sehe jeder, wo er bleibe,
Und wer steht, dass er nicht falle![7]

— Goethe —

Hetze und Langeweile

«Man schämt sich jetzt schon der Ruhe; das lange Nachsinnen
macht beinahe Gewissensbisse. Man denkt mit der Uhr in der
Hand, wie man zu Mittag isst, das Auge auf das Börsenblatt
gerichtet – man lebt wie einer, der fortwährend Etwas ‹versäumen
könnte›.»

Friedrich Nietzsche[8]

Von dem griechischen Philosophen Aristoteles stammt die Erkenntnis, dass jegliche Tugend und seelische Tüchtigkeit und damit die Gewinnung leiblicher und seelischer Gesundheit immer in der Mitte zwischen zwei Extremen liegen und permanent vom Menschen aktiv erzeugt und gestaltet werden muss. Insofern haben wir es im Zeitalter von Stress, Burn-out- und Bore-out-Syndromen (vom engl. «boredom» = Langeweile), Nervosität, aber auch innerer Leere, Suchtverhalten, Unterhaltungs- und Zerstreuungsindustrie, die eine epidemisch sich verbreitende Langeweile, die wir nicht umsonst mit dem Attribut «tödlich» benennen, verdecken soll, mit einer ernst zu nehmenden medizinischen und pädagogischen Herausforderung zu tun. Die gesunde Mitte, um die wir uns im Alltag immer wieder bemühen müssen, heißt Muße – inhaltlich erfüllte und von uns selbst gestaltete Zeit, Ergreifen der Gegenwart und damit die freie Verfügbarkeit unseres Ichs über unsere leiblich-seelischen und sozialen Zustände.

Die Entwicklung und epidemische Verbreitung nervöser Erscheinungen (zu Beginn «amerikanische Krankheit» genannt), die aus Hast und Langeweile (im Französischen als «ennui» bezeichnet und als «innere Leere» definiert) resultieren, begannen ihren Siegeszug mit der Industrialisierung schon im ersten Drittel des 19. Jahrhundert, als sich durch Dampfmaschine und Eisenbahn und die rapide um sich greifende Elektrifizierung die Zeit beschleunigte, vom natürlichen Rhythmus emanzipierte, die Nacht zum Tage wurde und die Seele des Menschen ihrer Übereinstimmung zwischen ihren eigenen Rhythmen und den nun einsetzenden äußeren, automatisierten Zeitabläufen immer mehr verlustig wurde. Der englische Abenteurer Paul Brunton berichtet von einem Gespräch Anfang der Dreißigerjahre des letzten Jahrhunderts mit einem greisen Yogi in Indien, der ihm sagte: «Erst wenn die Gelehrten im Abendland davon ablassen, Fahrzeuge zu entwickeln, die noch schneller laufen als jene, die es bereits gibt, und sich der Aufgabe zuwenden, in sich hineinzublicken, werden die Menschen bei Ihnen ein wenig wahres Glück erfahren. Oder glauben Sie, dass die Möglichkeit, immer schneller irgendwohin zu reisen, glücklich macht?»[9]

Der «Verlust der Mitte» – eine Entkoppelung zwischen Denken, Gefühl und Wille – begann, was in der psychologischen Literatur als Gemütsverarmung und -zerstörung beschrieben wird und in Zeitkrankheiten wie Herz- und Kreislaufschädigungen, Schlaf- und anderen Rhythmusproblemen sich epidemisch verbreitet. Nicht umsonst entsteht heute immer mehr der Ruf nach Beschaulichkeit, «Entschleunigung» (übrigens das Unwort des Jahres 2007), Konsumverzicht und kreativer Freizeitgestaltung.

Für den modernen Zeitgenossen sind aber wegen der beschleunigten Arbeits- und Bildungsverhältnisse (man denke nur an das «Turbo-Abitur») und dem zunehmenden Zeitdruck echte Beschaulichkeit und Muße Mangelware geworden, und es droht die Gefahr, dass unser Leben immer mehr von außen verwaltet wird und sich Dinge in uns und um uns verselbstständigen. Eigentlich könnte man alle nervösen Erscheinungen wie zum Beispiel irrlichtelierende Gedanken, Gedächtnisverlust, Konzentrationsschwäche, psychosomatische Beschwerden und auch das unwillkürliche Zucken von Gliedmaßen oder Muskeln als Symptom davon ansehen, dass unser Ich die Herrschaft über Seele und Leib verloren hat und dadurch mannigfaltige, sich verselbstständigende Automatismen auftreten. Der moderne Mensch verflucht ja, wie es Goethe so großartig in seinem Drama *Faust* dargestellt hat, die Geduld und kann dadurch auch den schönen Augenblick nicht mehr genießen, weil er schon in der Zukunft lebt. Letztlich ist es ja auch die Ungeduld gewesen, die den Menschen aus dem Paradies vertrieben hat und ihn durch die zunehmende Übereilung immer mehr daraus entfernt!

Friedrich Nietzsche hat die Folgeprobleme dieses nicht mehr bei sich und in sich Seins durch die zunehmende Akzeleration, die fortwährende Beschleunigung in der Moderne schon sehr früh geahnt: «Aus Mangel an Ruhe läuft unsere Zivilisation in eine neue Barbarei aus. Zu keiner Zeit haben die Tätigen, das heißt die Ruhelosen, mehr gegolten. Es gehört deshalb zu den notwendigen Korrekturen, welche man am Charakter der Menschheit vornehmen muss, das beschauliche Element in großem Maße zu verstärken.»[10] Denn aus der Ruhe- und Besinnungslosigkeit resultieren nach seiner Auffassung im Lauf der Zeit Irrtum und in Folge davon Gewalt! Goethe hat im hohen Alter, als die Beschleunigung in der Zivilisation schon einzusetzen begann, ein Kunstwort kreiert, das sich aus dem Lateinischen «velocitas» (Eile) und Luzifer, dem Gott der Illusion und Übersteigerung, zusammensetzt: «veloziferisch».

Durch die Beschleunigung kann im Menschen und in der Natur nichts mehr so recht zur Reife gelangen, und das für den Menschen so Entscheidende, der Augen-Blick, d.h. aber auch die Anwesenheit in seiner räumlichen Umgebung, wird versäumt. «Für das größte Unheil unserer Zeit, die nichts reif werden lässt, muss ich halten, dass man im nächsten Augenblick den vorhergehenden verspeist, den Tag im Tage vertut, und so immer aus der Hand in den Mund lebt, ohne etwas vor sich (d.h. zustande, O. K.) zu bringen. Haben wir doch schon Blätter (Zeitungen, O. K.) für sämtliche Tageszeiten, ein guter Kopf könnte wohl noch Eins und das Andere interpolieren. Dadurch wird alles, was ein jeder tut, treibt, dichtet, ja was er vorhat, ins Öffentliche geschleppt. Niemand darf sich freuen oder leiden, als zum Zeitvertreib der Übrigen; und so springt's von Haus zu Haus, von Stadt zu Stadt, von Reich zu Reich und zuletzt von Weltteil zu Weltteil, alles veloziferisch.»[11]

Man könnte meinen, dass Goethe schon einen sehr genauen Begriff von unserer modernen Informationsgesellschaft hatte!

Aber wie steht es nun mit dem Gegenteil von Hetze, mit der stillstehenden Zeit, der Langeweile?

Langweilig wird es uns immer dann, wenn äußere Eindrücke, denen wir ja im alltäglichen Leben den Hauptanteil unseres Seeleninhaltes verdanken, wegfallen und wir äußere, kurzweilige Anregungen vermissen müssen. Erst einmal spüren wir so etwas wie innere Leere als eine unerfüllte Zeit, eben eine «lange Weile», die der dänische Philosoph Kierkegaard einmal das «subjektive Korrelat des Nichts» nannte und aus der eine Vielzahl von Süchten resultiert, die dieses Nichts erst einmal übertünchen bzw. betäuben helfen. Sie ruft aber eigentlich dazu auf, uns durch Aktivität, durch Selbst-Tätigkeit, innerlich zu erfüllen, da wir diese Leere auf die Dauer schwer auszuhalten vermögen oder im Gegenteil uns durch weitere äußerliche Aktivität und mannigfaltige Zerstreuungen abzulenken. Es ist in diesem Zusammenhang interessant, dass sich schon im 17. Jahrhundert der französische Philosoph Blaise Pascal mit den auf uns heute zukommenden Problemen grundlegend auseinandergesetzt hat, zu einer Zeit also, wo man die Konsequenzen von Ablenkung, Unterhaltung und passiver Lebensgestaltung – eben «Events und Entertainment» – noch nicht einmal ahnen konnte. «*Langeweile.* Nichts ist dem Menschen so unerträglich, wie in einer völligen Ruhe zu sein, ohne Leidenschaft, ohne Tätigkeit, ohne Zerstreuung, ohne die Möglichkeit, sich einzusetzen. Dann wird er sein Nichts fühlen, seine Verlassenheit, seine Unzulänglichkeit, seine Abhängigkeit, seine Ohnmacht, seine Leere. Unablässig wird aus der Tiefe seiner Seele die Langeweile aufsteigen, die Niedergeschlagenheit, die Trauer, der Kummer, der Verdruss, die Verzweiflung.»[12]

Weil der Mensch diese Form von Selbstbegegnung selten aushält, erfindet er alle die Dinge, die ihn von sich selbst ablenken und ihn in seinem Leerheitsempfinden durch Selbstbetäubung und Zerstreuung «trösten» sollen: die Event- und Spaßgesellschaft, die letztlich aus der Angst vor Langeweile und damit einer wahren Selbstbegegnung urständet.

Die Gefahren äußerlicher Hyperaktivität und innerer Passivität wachsen heute auf jedem Seelenboden und können nur durch individuelle Willensanstrengung überwunden werden.

Dass die gesunde Beziehung zwischen Wahrnehmen

und Bewegen, wie wir sie beim Spaziergang oder der Wanderung so wundervoll erleben können und die dadurch auch so wohltuend auf Gemüt, Atmung, Herz und Kreislauf wirkt, als gesunder Ausgleich bewusst gewollt werden muss, merken wir erst, wenn durch die modernen Zivilisationsgewohnheiten wie Autofahren oder den Bilderfluten von Film und Fernsehen unser Kopf- und Sinnessystem so überfordert wird (die Psychologen sprechen heute von «Bilderfettsucht»), dass unser Bewegungssystem förmlich nach Ausgleich schreit. Dabei machen wir dann oft den Fehler, dass wir beim Joggen oder Laufen in die andere Einseitigkeit verfallen: Wir rennen durch den Wald, ohne zu verweilen und uns die Natur anzuschauen – was man als eine moderne Form des «Aufmerksamkeitsdefizit-Syndrom» bezeichnen könnte – und das trotz lieblichem Vogelgezwitscher mit dem berühmten «Knopf im Ohr».

Schauen wir uns die moderne Problematik vom Standpunkt der aktiven Gesundgestaltung an (heute auch als «Salutogenese» bezeichnet), um nicht irgendeinem Automatismus zu verfallen, so brauchen wir gegen die Hetze das Prinzip der Muße bzw. die bewusste Verlangsamung und gegen die aufkommende innere Leere ein Prinzip innerer Aktivität und seelisch-geistig inhaltsvoller Gedanken und Empfindungen, wie wir sie in großer Kunst oder tief greifenden und umfassenden Weltanschauungen finden.

Da wir durch das moderne Leben permanent – sogar durch die Verkehrsmittel physisch – aus unserer Raumeswelt herausgeschleudert werden und bedingt durch mannigfache Zukunftsängste immer weniger in der unmittelbaren Gegenwart und ihren Anforderungen leben können oder sogar wollen, müssen wir wieder lernen, uns durch Achtsamkeit, Interesse und meist gesteigerter Aufmerksamkeit in das Leben zu integrieren, ja zu «inkarnieren». Denn viele Ängste kommen heute davon, dass die sich beschleunigende Zeit den Menschen mitreißt, er aber seelisch mit der sich überstürzenden Entwicklung nicht mehr mitkommt, als Folge davon die Welt nicht mehr versteht und auch nicht weiß, wo alles hingehen bzw. enden soll. Auch hier kann uns Pascal aus seiner eigenen Seelenbeobachtung Wegweisendes mitteilen: «Wir halten uns niemals an die gegenwärtige Zeit. Wir nehmen die Zukunft voraus, da sie zu langsam kommt, gleichsam um ihren Lauf zu beschleunigen; und wir rufen die Vergangenheit zurück, um sie aufzuhalten, weil sie zu stürmisch entschwindet: So unklug sind wir, dass wir in den Zeiten umherirren, die nicht unser sind, und nicht an die einzige denken, die uns gehört (die Gegenwart); und so eitel, dass wir an die (Zeiten) denken, die nichts mehr bedeuten, und ohne Überlegung der einzigen, die da ist, entfliehen. Es ist gemeinhin die Gegenwart, die uns lästig ist. Wir verbergen sie vor unserem Blick, weil sie uns quält; und wenn sie uns willkommen ist, sind wir betrübt, sie entschwinden zu sehen. Wir versuchen sie durch die Zukunft erträglich zu machen und denken daran, das zu ordnen, was nicht in unserer Macht ist, im Hinblick auf eine Zeit, die zu erreichen wir keinerlei Sicherheit haben … So leben wir nie, sondern wir hoffen zu leben, und während wir uns immer in Bereitschaft halten, glücklich zu sein, ist es unvermeidlich, dass wir es nie sind.»[13]

Überwinden wir durch innere Aktivität die Schein-sättigung der vielen unnützen Informationen, die wir größtenteils gar nicht mehr verstehen oder seelisch verdauen können, so können wir merken, dass sich langsam (aber stetig) ein Sinn, ja ein innerer Instinkt für das Wesentliche im Leben öffnet. Das scheint mir für uns heutige Zeitgenossen überhaupt das Bedeutendste zu sein, um Stress und Langeweile zu überwinden: das Wesentliche vom Unwesentlichen zu unterscheiden.

Oft machen sich Menschen ja nur wichtig, die behaupten, sie hätten keine Zeit. Ich habe Freunde, die begonnen haben, die Langsamkeit zu entdecken und daher für ein Treffen und ein Gespräch eigentlich immer Zeit erübrigen können – vorausgesetzt, man hat sich wirklich etwas zu sagen …

Beginnt man, sich selbst langsam zu «entschleunigen», d.h. auch wieder achtsam zu werden, und versucht, da, wo man ist, auch wirklich «anwesend» zu sein, versteht man Goethe umso besser, der allen Eiligen einmal zugerufen hat:

«Du bist sehr eilig, meiner Treu!
Du suchst die Tür und läufst vorbei».[14]

Gedanken über das Denken

«Da die Menschen kein Heilmittel gegen den Tod, das Elend,
die Unwissenheit finden konnten, sind sie, um sich glücklich zu
machen, darauf verfallen, nicht daran zu denken.
Das Elend des menschlichen Lebens hat den Grund zu all dem
gelegt: Da sie das erkannt haben, haben sie die Zerstreuung
gewählt.»[13]

Blaise Pascal

Der Mensch ist nicht nur ein fühlendes und handelndes, sondern auch ein denkendes Wesen in einer sich permanent verändernden Welt voller Unwägbarkeiten und Widersprüche. Einmal gefasste Entschlüsse oder Einrichtungen verkehren sich in ihr Gegenteil, wenn sie zur absoluten Wahrheit erklärt und nicht dauernd durch neu zu hinterfragende Erfahrungen, Ideen und Ideale erfrischt und somit aktualisiert werden. Geschieht dies nicht, so werden sie für den Einzelnen und sogar für die gesamte Menschheit zu unerträglich leeren Hülsen und Gedankenleichen, die der Lüge immer mehr Platz verschaffen. Wir brauchen in diesem Zusammenhang nur an die einstigen Ideale von «Demokratie», «Freiheit» oder an die Grundidee der «Krankenkasse» zu denken, die einstmals bei ihrer Schaffung von lauteren Absichten erfüllt waren, jetzt aber zu bürokratischen Monstern verkommen bzw. ideell inhaltsleere Etiketten geworden sind. «Die Zeit aber ist in ewigem Fortschreiten begriffen, und die menschlichen Dinge haben alle fünfzig Jahre eine andere Gestalt, sodass eine Einrichtung, die im Jahre 1800 eine Vollkommenheit war, schon im Jahre 1850 vielleicht ein Gebrechen ist.»[16]

Dies betrifft natürlich auch die zwischenmenschlichen Beziehungen. Die Idee, die neulich in der politisch-öffentlichen Diskussion auftauchte, sich in einer Ehe alle sieben Jahre zu hinterfragen, ob man weitermachen soll, finde ich grundsätzlich nicht abwegig. Goethe schlug sogar in seinem Roman *Die Wahlverwandtschaften* vor, dies alle fünf Jahre zu tun. Beziehungen immer wieder auf den neuesten Stand zu bringen, sich dafür zu interessieren, wo der Partner gerade seelisch steht, ist besonders in der heutigen Zeit, wo alles so schnelllebig verläuft, eine sehr gesundende Angelegenheit. Warum sollten wir denn nur die Antivirus-Programme unseres Computers immer auf den neuesten Stand bringen und nicht die «Viren» erkennen, die sich permanent in unsere Beziehungen einschleichen? Dazu ist tägliche Bewusstseins- bzw. Gedankenarbeit nötig. Denn der Weg zum Herzen geht auch durch den Kopf …

Dabei sollten wir «Denken» nicht mit dem reinen Sammeln und Verarbeiten von Informationen verwechseln. Der schon erwähnte Journalist und Asienkorrespondent des Wochenmagazins *Der Spiegel,* Tiziano Terzani (1938–2004), hat einmal geschrieben, dass reine Fakten noch nichts mit Wahrheit zu tun haben. Erst die tieferen Zusammenhänge und somit die Hintergründe der vordergründigen Ereignisse müssen durch mühevolle Kleinarbeit wie differenzierte Wahrnehmungen und umfassendes Denken erarbeitet werden, indem man sie in größere Zusammenhänge zu stellen versucht, um daraus lebensnahe Begriffe und Ideen über Menschen und historische Ereignisse zu gewinnen. Dies erst gibt dem

Menschen die Möglichkeit, «Welt» und auch sich selbst besser zu verstehen.

Fühlen ist nur eine subjektive Antwort von innen auf dieses im Denken erfasste übergreifende «Weltgeschehen», und Sympathie oder Antipathie sagen ja nichts Objektives über eine Sache aus, sondern nur über den Menschen und seine persönliche Beziehung zu den Dingen!

Dies meint auch Blaise Pascal, wenn er davon spricht, dass erst der Gedanke bzw. die Tätigkeit des Gedankenbildens die eigentliche Größe des Menschen ausmacht. Denn es muss für den Menschen einen inneren Halt in der unwägbaren und kontinuierlich sich ändernden Welt geben. Der Mensch soll sich nicht einbilden, er sei größer als andere, auch wenn er noch so viele Besitztümer sein Eigen nennt. Die eigentliche Menschenwürde, mit der er sich und die Welt bestimmen vermag, liegt in der *Ordnung* und der *Qualität* seiner Gedanken. Je tiefer diese reichen, umso mehr umfasst er die Wirklichkeit. Zwar umgreift ihn die ganze physische Raumeswelt, in der er sich wie ein Zwerg fühlt, aber mit seinem Denken kann er wiederum das ganze Universum umfassen – das ist *seine* Universalität!

Auch wenn das Weltall den Menschen jederzeit zermalmen kann, so ist er dennoch edler als das, was ihn vernichtet, denn er weiß um seinen Tod und die Über-

legenheit des Weltalls über sein physisches Sein; aber …
das Weltall weiß nichts davon. Es ist, wie schon Schopen-
hauer meinte, «blinder Wille».

«Unsere ganze Würde besteht also im Gedanken. Daraus muss unser Stolz kommen, nicht aus Raum und Zeit,
die wir nicht ausfüllen könnten. Bemühen wir uns also,
gut zu denken: das ist das Prinzip der Moral.»[17]

Von einem gewissen Gesichtspunkt aus sind wir nicht
mehr als «denkende Schilfrohre»[18] und können uns zwar
ohne Arme und Beine vorstellen, aber nicht ohne Kopf,
den wir für unser bewusstes Denken benötigen.

Durch ein richtiges Denken können wir die erschaf-
fene Welt noch einmal nachschaffen und auf eine höhere,
bewusstere Ebene heben.

Leidenschaften und äußere Ablenkungsmanöver (Zerstreuung) verdunkeln uns meist die klare Sicht auf die
Dinge. Deshalb «verlangt es die Ordnung des Gedan-
kens, dass man bei sich anfange, bei seinem Urheber und
Endziel».[19]

Diese Auffassung vertrat auch der deutsch-jüdische
Philosoph Walter Benjamin, als er 1940 mit zwei Beglei-
tern von Südfrankreich aus über die Pyrenäen vor den
Nazis nach Spanien zu fliehen versuchte. Schon schwer
herzkrank hatte er seinem jungen Begleiter Josef Gurland
eine schwere Aktentasche zum Tragen gegeben. Als sie
nach einem mühevollen Aufstieg nach vier Stunden

die erste Rast einlegten, fragte der junge Mann Walter Benjamin, was denn in dieser «verdammten» Aktentasche sei, mit der er sich abschleppen müsse. Benjamin wich erst einmal der Frage aus, indem er sagte, dass es ihm sehr schwerfiele, dies detailliert zu erklären. Aber als der junge Mann nicht locker ließ, bekam er folgende Antwort: «Tja, man könnte sagen: eine Anweisung, was geschehen müsste, damit die gegenwärtige Barbarei wenigstens zurückgedrängt wird.»

«Und was müsste geschehen?»

«Die Menschen müssten endlich aufwachen.»

«Ich bitte Sie, mir das genauer zu erklären.»

«Denken ist lebenslanges Aufwachen. Besser kann ich es Ihnen auch nicht erklären. Der Rest steht eben auf diesen Blättern, mit denen wir uns so abschleppen.»

«Und wenn wir nicht aufwachen, ich meine, nicht denken, wie Sie sagen?»

«Dann wird der sogenannte Fortschritt zum geistigen Untergang der Welt durch ebendiesen Fortschritt führen.»

«Aber Fortschritt heißt doch, dass es den Menschen besser geht.»

«Das ist eben die Frage», sagt Benjamin.[20]

Sollte man dies nicht gerade heute als einen Weckruf verstehen, bedingt durch die Vielzahl von oberflächlichen Informationen, die uns Zeitgenossen immer mehr in einen «politischen Alkoholismus»[21] führen, das Denken zu vertiefen und spirituell zu erweitern? Werden unsere Denkmöglichkeiten denn noch richtig ausgeschöpft? Einige Zeitgenossen bezweifeln dies schon heute:

«Wie verändert der Mensch das Klima? Antwort: Natürlich durch Umweltgifte, Klimagase, Abholzung von Tropenwäldern und und und …

Falsch – das Problem beginnt ganz woanders, und zwar in einem immer weniger gebrauchten und immer mehr vernachlässigten Körperteil, einem ursprünglichen Hochleistungsorgan, das jedoch zunehmend missbraucht wird, um das bunte Reizgewitter von Gameshows, Castingshows und Shopping-Kanälen abzubilden. Die Rede ist vom Gehirn. Das Gehirn hat eine bedauerliche Karriere vom Zentralorgan des Menschen zum geistigen Blinddarm durchgemacht, dessen ursprüngliche Bedeutung immer mehr in Vergessenheit gerät.»[22]

Die Bedeutung des richtigen Denkens, als dessen Folge die richtigen Begriffe, die richtigen Ideen und Worte und daraus die richtigen Taten resultieren, tauchte bereits im alten China immer wieder bei dem bedeutenden Philosoph und Staatsmann Konfuzius auf, der einmal die innere Verkettung von falschen Gedanken bis hin zu politischen Verirrungen beeindruckend geschildert hat:

«Der Schüler Zi-lu sprach zu Konfuzius: ‹Wenn Euch der Herrscher des Staates Wei die Regierung anvertraute – was würdet Ihr zuerst tun?›

Der Meister antwortete: ‹Unbedingt die Namen richtigstellen.›

Darauf Zi-lu: ‹Damit würdet Ihr beginnen? Das ist doch abwegig. Warum eine solche Richtigstellung der Namen?›

Der Meister entgegnete: ‹Wie ungebildet du doch bist, Zi-lu! Der Edle ist vorsichtig und zurückhaltend, wenn es um Dinge geht, die er nicht kennt.

Stimmen die Namen und Begriffe nicht, so ist die Sprache konfus. Ist die Sprache konfus, so entstehen Unordnung und Misserfolg. Gibt es Unordnung und Misserfolg, so geraten Anstand und gute Sitten in Verfall. Sind Anstand und gute Sitten infrage gestellt, so gibt es keine gerechten Strafen mehr. Gibt es keine gerechten Strafen mehr, so weiß das Volk nicht, was es tun und was es lassen soll. Darum muss der Edle die Namen und Begriffe korrekt benutzen und auch richtig danach handeln können. Er geht mit seinen Worten niemals leichtfertig um.›»[23]

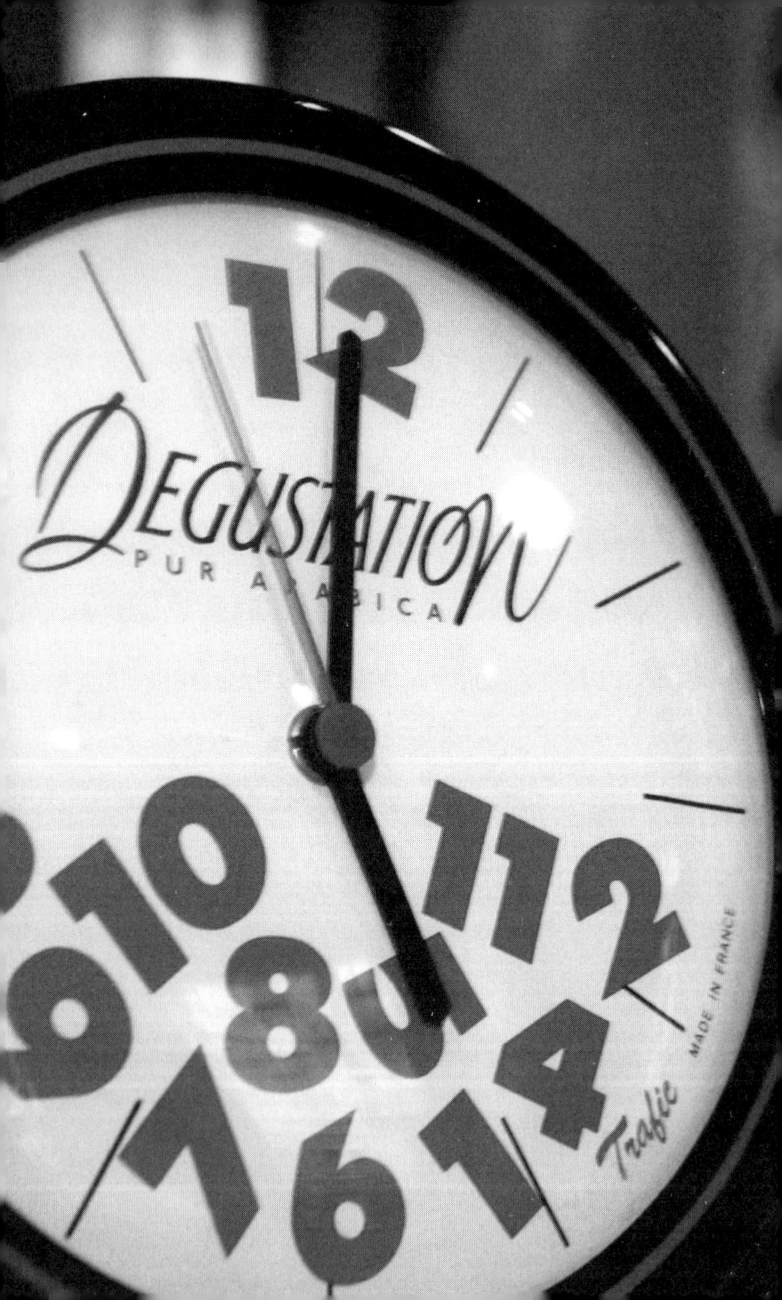
DEGUSTATION
Trafic
MADE IN FRANCE

Unrast, Hetze, Zerstreuung oder: ich bin dann mal da ...

«Alles ist ein Wettlauf. Wir leben, ohne auf das Leben zu achten. Wir träumen und fragen uns nicht mehr, was wir geträumt haben. Wir schauen gleich auf die Uhr. Interessiert sind wir nur an der verstreichenden Zeit oder daran, sie verstreichen zu lassen, und verschieben auf später, was tatsächlich wichtig wäre. Auf das ‹Danach›, nicht auf das ‹Jetzt› richtet sich unsere Aufmerksamkeit. Speziell in den Städten rast das Leben ohne einen Moment des Innehaltens, der Ruhe, des Nachdenkens über das Ziel der ständigen Hast. Niemand hat mehr Zeit für irgendwas. Noch nicht einmal um zu staunen oder zu erschaudern, zu weinen oder sich zu verlieben, einfach bei sich selbst zu sein. Rechtfertigungen, nicht innezuhalten und uns zu fragen, ob uns dieses Gerenne wirklich glücklicher macht, gibt es zuhauf, und wenn keine zur Hand ist, sind wir Meister darin, uns eine auszudenken.»

Tiziano Terzani[24]

Können wir uns einen indischen Yogi oder mongolischen Schamanen vorstellen, der entlang des Ufers des Ganges oder durch die Steppe hetzt, um irgendwelche Termine nicht zu verpassen? Wohl kaum!

Zugegeben: Der Termindruck hat in der westlichen (und leider zunehmend auch in der fernöstlichen) Welt ein bedenkliches und gesundheitsschädigendes Ausmaß erreicht, was man u.a. daran erkennt, dass Erkrankungen von Herz und Kreislauf – unseren zentralen rhythmischen Organen – an erster Stelle stehen, und doch muss man fragen, ob der heutige Mensch nicht auch vor sich selbst davonläuft, um nicht mit seiner inneren Leere und Nichtigkeit konfrontiert zu werden.

Dies jedenfalls meint Pascal, wenn er konstatiert, dass die Ursache all jener Ablenkungsmanöver und Oberflächlichkeiten in dem natürlichen Unglück unseres schwachen und sterblichen Zustandes liegen, der so erbärmlich ist, dass nichts uns trösten kann, wenn wir es mit den gängigen Vorstellungen über Mensch und Welt näher betrachten. Aber was resultiert daraus? Die uns bekannte vielgestaltige Unrast und die Ablenkungserfindungen der modernen Zeit mit den (z.T. künstlich herbeigeführten) Abenteuern, Events und mannigfaltigen Leidenschaften. Pascal kommt zu einer verblüffend einfachen Aussage: Der Mensch kann deshalb nicht mehr ruhig, allein und freudig in einem Zimmer sitzen, weil er dann nicht mehr durch Äußeres abgelenkt wird, und er versucht deshalb, durch allerlei geniale Zerstreuungsmechanismen der daraus resultierenden Langeweile und der inneren Bedeutungslosigkeit, dem seelischen «Nichts» («néant») zu entfliehen.

«Nichts ist dem Menschen so unerträglich, wie in einer völligen Ruhe zu sein, ohne Leidenschaft, ohne Tätigkeit, ohne Zerstreuung, ohne die Möglichkeit, sich einzusetzen. Dann wird er sein Nichts fühlen, seine Verlassenheit, seine Unzulänglichkeit, seine Abhängigkeit, seine Ohnmacht, seine Leere. Unablässig wird aus der Tiefe seiner Seele die Langeweile aufsteigen, die Niedergeschlagenheit, die Trauer, der Kummer, der Verdruss, die Verzweiflung.»[25]

Sogar die – und vielleicht besonders – sind davon betroffen, welche eigentlich die schönsten Posten, Ruhm und Geld haben. Auch sie, würden sie über ihre vergängliche Existenz nachzudenken beginnen, würden eine «kraftlose Glückseligkeit» (Pascal) in sich entdecken, die zu bedrohlich hypochondrischen (d.h. eingebildeten) Angstphantomen anschwellen könnte, wie Furcht vor Revolten, Tod, Krankheit, Terrorgefahr, Börsencrash etc. Es ist bekannt, dass besonders die großen «Führer» der Menschheit Genies darin waren, mit einem riesigen Stab von Höflingen ihre Zeit totzuschlagen – man denke nur beispielsweise an Stalin, Hitler und Mao, die sich ganze

Nächte mit Filmen und Gelagen vertrieben haben, um damit permanent ihre Angst vor ihrer Nichtigkeit und ihren Minderwertigkeitskomplexen zu betäuben. Aus Angst vor ihrem physischen Ende hat sich bei ihnen ein regelrechter Verfolgungswahn ausgebildet – und sie haben so Millionen Unschuldiger stellvertretend in den Tod geschickt.[26]

Die Zerstreuung bzw. das «Surfen auf der Benutzer-oberfläche des Lebens»[27] lenkt den Menschen – in welcher Entwicklungsphase und gesellschaftlichen Situation er sich auch heute befinden mag – zunehmend (auch bedingt durch die rasante Entwicklung der elektronischen Medien) vom Wesentlichen seiner Existenz ab, lässt somit innere Fragen, Sehnsüchte und Träume ungestillt und verhindert dadurch auch innere Reifungs-prozesse. Die heutige Psychologie spricht daher schon seit Längerem von einem «Zeitalter des chronisch un-fertigen Menschen».

Auch an diesem Punkt setzt Pascals Fundamentalkritik an den zunehmend sich verbreitenden Verhaltensweisen an: Kinder werden nach seiner Auffassung schon zu früh mit Sorgen und Nöten über Ehre, Ehrgeiz, Besitz, diversen Äußerlichkeiten etc. und darüber hinaus noch mit den Problemen anderer, die sie eigentlich nichts angehen sollten und für die sie noch seelisch gar nicht reif sind, belastet. Man gibt ihnen dadurch das Gefühl,

dass Glück etwas mit äußerem Erfolg, intellektuellen und beruflichen Fähigkeiten, Höhe des Vermögens und körperlicher Fitness zu tun habe, und wenn nur eines davon fehlt, sie ins absolute Unglück stürzen würden …
So werden Bürde auf Bürde, Verpflichtung und Ehrgeiz auf sie gehäuft, bis sie die Stimme ihres inneren Menschen und dessen Bedürfnis gar nicht mehr wahrnehmen und recht früh schon in die «spitze Tüte»[28] irdischer Zwänge geraten. Deshalb plädiert Pascal dafür, sie erst einmal in bestimmter Weise «unglücklich» zu machen, indem man ihnen die Fixierung auf äußeren Ehrgeiz und materielle Sorgen wegnimmt.

«Was man tun könnte? Man brauchte ihnen nur alle diese Sorgen wegzunehmen; dann würden sie sich selbst sehen, sie würden an das denken, was sie sind, woher sie kommen, wohin sie gehen. So (aber) kann man sie gar nicht genug beschäftigen und ablenken. Und indem man ihnen so viele Geschäfte bereitet hat, rät man ihnen darum auch, wenn sie ein wenig Zeit zur Ruhe haben, sie mit Zerstreuungen und Spielen zuzubringen und sich immer ganz zu beschäftigen ….»[29]

Was sind wir, woher kommen wir, wohin gehen wir? Nehmen wir diese Fragen, auch wenn sie uns nicht immer bewusst sind, ernst, so nähern wir uns dem Sinn und der eigentlichen Bedeutung unserer irdischen Existenz. Das aber bedeutet Vertiefung statt Oberfläch-

lichkeit, Konzentration statt Zerstreuung und: lebenslanges Fragen und Lernen vom Leben selbst, auch von
Menschen!

Liegen aber die Antworten einfach so auf der Straße
oder müssen wir sie nicht erst durch enorme Anstrengung
aus der Tiefe unserer eigenen Seele heraufholen? Was suchen wir denn, wenn wir überhaupt noch suchen? Kommt
es uns mehr auf die rein persönliche Unterhaltung auf
dem zu beschreitenden Weg an und gar nicht so sehr auf
das objektive Endergebnis? Haben wir noch ein Lebens-
oder Erkenntnisziel vor Augen oder ist das «Event» als sol-
ches das eigentliche Ziel? Nach Pascal ist es gewöhnlich
weniger das Resultat einer Sache, das wir suchen, sondern
eher die unterhaltsame, von uns selbst ablenkende Tätigkeit. Denn ein oft zu schnell und einfach zu erreichendes
Resultat langweilt uns bald wieder, sodass wir danach
weitersuchen müssten – also gönnen wir uns lieber das
längere Vergnügen der Zerstreuung … Diskutieren um
des Diskutierens willens, damit die Zeit ausgefüllt ist, die
Welt als Basar, wo ausgetauscht und verhandelt wird, ohne
ein konkretes Ergebnis auch nur zu wollen! Pascals Unter-
suchung dazu nennt sich «Gründe, warum man die Jagd
mehr liebt als die Beute» und führt uns damit näher an das
zuvor angedeutete Problem heran.

Der wesentlichste Gedanke seiner Überlegungen ist,
dass es dem Menschen gewöhnlich nicht um ein er-

reichbares Endziel geht, das er um der Sache willen mit allen Mitteln anstrebt, sondern eher um die Tätigkeit als solche, die er als Ablenkungsmanöver von sich selbst inszeniert. Denn jedes erreichte Ziel erfordert wieder Anstrengung, nach einem neuen zu suchen, was ja während der lustvollen Betätigung erst einmal entfällt: Man ist ja beschäftigt …

So wird – und dies ist ja erst einmal nicht nur zu kritisieren – der Weg selbst zum eigentlichen Ziel. Man könnte das Endergebnis «erlegter Hase» auch leichter bekommen: nämlich ihn einfach kaufen oder zum Beispiel auf einem orientalischen Basar einfach den Endpreis festlegen, statt sich stundenlang durch Feilschen die Zeit zu vertreiben. Dabei muss erwähnt werden, dass Pascal nicht meint, dass man keinen Weg gehen soll, sondern dass zu oft die Tätigkeit als solche in Form der Ablenkung den Schwerpunkt des Handelns darstellt. Und darin ist ja der Mensch, was etwa Vergnügungsindustrie angeht, mehr als erfinderisch – wir brauchen nur an den zunehmenden Geschwindigkeitsrausch zu denken!

Wir sehnen uns nach Ruhe und Entspannung und verwenden darauf aber extreme Anstrengung, ähnlich wie der Geschäftsmann sich vornimmt, bis zum vierzigsten Lebensjahr so viel verdient zu haben, dass er sich dann zur Ruhe setzen und nur noch seinen Hobbys frönen kann. Aber er langweilt sich im Norden Thailands trotzt aller Geschäftigkeit zu Tode oder erliegt mit 48 Jahren einem Herzinfarkt …

«So verströmt das ganze Leben. Man sucht die Ruhe, indem man einige Hindernisse bekämpft; und wenn man sie überwunden hat, wird die Ruhe unerträglich durch die Langeweile, die sie erzeugt. Man muss (dann) frei werden von ihr und (wieder) den Tumult erbetteln; denn entweder denkt man an die Leiden, die man hat, oder an die, die uns drohen. Und selbst wenn man sich nach allen Seiten hinlänglich gesichert sähe, so würde unfehlbar die Langeweile aus der Tiefe des Herzens aufsteigen, wo sie natürliche Wurzeln hat, und den Geist mit ihrem Gift erfüllen …

Ein (solcher) Mensch verbringt sein Leben ohne Langeweile, indem er alle Tage ein wenig spielt. Gebt ihm jeden Morgen das Geld, das er täglich gewinnen kann, unter der Bedingung, nicht zu spielen: Ihr macht ihn unglücklich. Man wird vielleicht sagen, der Grund dafür sei, dass er die Unterhaltung des Spiels sucht und nicht den Gewinn. Veranlasst ihn also, um nichts zu spielen: Er wird dabei nicht warm werden und sich langweilen. Er sucht also nicht nur das Vergnügen allein: Ein Spiel ohne Kraft und Leidenschaft wird ihm langweilig …»[30]

An diesen Bemerkungen ist sehr deutlich zu erkennen, dass Pascals Kritik nicht so sehr an der Tätigkeit als solcher ansetzt, sondern mehr an den eigenen, egoistischen Erregungen, die aber mit der Suche nach der Sache als solcher nichts zu tun haben. Die Suche nach einem Ziel kann als Vorwand dienen, aber die eigentliche Intention ist der Nervenkitzel.

Aber nicht nur der gewöhnliche Mensch wird hier ins Visier genommen, auch die Menschen des öffentlichen Lebens, seien es Politiker oder Menschen in höheren Ämtern, denen von einem Heer von Dienstboten der Tag mit zum Teil pseudowichtigen Aktivitäten durchorganisiert wird. Permanent im Rampenlicht der Öffentlichkeit zu stehen, umgeben von Mikrofonen und Blitzlichtern, kann eine spezielle Form von Suchtstruktur entstehen lassen, die an die Angst gekoppelt ist, eines Tages nicht mehr gewählt oder gewollt zu werden und somit ins Schattenreich zu verschwinden und höchstens in einer Talkshow Weltereignisse in Form von Smalltalks zu interpretieren.[31]

«Was heißt das anderes, Superintendent, Kanzler, erster Präsident zu sein, wenn nicht, dass man sich in einem Stande befindet, in dem man vom Morgen an eine große Zahl von Leuten um sich hat, die von allen Seiten kommen und einem nicht eine Stunde am Tage lassen, in der man an sich selber denken könnte? Wenn sie in Ungnade sind und man schickt sie in ihre Landhäuser zurück, wo es ihnen weder an Mitteln noch an Dienern fehlt, um ihnen in ihren Bedürfnissen beizustehen, so sind sie unfehlbar elend und verlassen, weil niemand sie daran hindert, an sich zu denken … Man braucht nicht alle Betätigungen im Einzelnen zu untersuchen: Es genügt, sie unter die Zerstreuung zusammenzufassen.»[32]

Die Bemerkungen Pascals über die Entstehung von Zerstreuung und Langeweile halte ich für aktueller denn je! Oft ist man sich ja im Leben gar nicht bewusst, wie viel an Energie man aufwendet, um seine innere Leere zu betäuben oder dort nach Tiefe zu suchen, wo eigentlich nur Oberfläche ist. Es bedarf also eines ernsten Blickes nach Innen, um seine eigenen Seelengewohnheiten zu erkennen. Dass dies Pascal mit sich selbst getan hat, merkt man seinen Ausführungen deutlich an – und dies macht ihn zu einem Zeitgenossen der Entwicklung der Bewusstseinsseele! Seine geistige Größe wird heute mehr und mehr erkannt – ihm gebührt ein Ehrenplatz in der geisteswissenschaftlich erweiterten Psychologie.

Die Beschleunigung

«Unsere Überforderung hängt damit zusammen, dass sich die Geschwindigkeit, mit der Informationen übermittelt werden können, um das Hunderttausendfache beschleunigt hat, während die Geschwindigkeit, mit der Menschen lesen, integrieren, bedenken und schreiben, in den letzten hundert Jahren annähernd gleich geblieben ist.»

Olaf Georg Klein[33]

Pascals Kommentare über Langeweile und Zerstreuung, obwohl schon viele hundert Jahre alt, haben im Ansatz etwas Prophetisch-Apokalyptisches (Offenbarendes) für unsere moderne, technisierte Welt. Schon am Beginn der zunehmenden Mechanisierung des Lebens, Anfang des 19. Jahrhunderts, hat es Menschen gegeben, die zukünftige Entwicklungen und die Gefahren, die aus einer einseitigen mechanisch bzw. technischen Anwendung entstehen können, seismografisch vorweggenommen haben: Einer davon war Goethe, der das «veloziferische Zeitalter», das sich ja erst an seinem Anfang befand, in Form von Eisenbahn und Dampfschiff schon miterlebt hat. Durch die Möglichkeit, die Mechanik zu einer immer höheren Beschleunigung einzusetzen, indem man Menschen wie «Waren» in enge Kabinen hineinstopft und an Landschaften passiv vorbeirasen lässt, beraubt man sie nicht nur der Wahrnehmung ihrer eigenen Anstrengungen, wie das zum Beispiel beim Wandern, Klettern oder Spazierengehen der Fall ist, sondern auch wichtiger elementarer Sinneseindrücke, die mit Landschaft und Klima untrennbar verbunden sind. «Einer eingepackten Ware gleich schießt (!) der Mensch durch die schönsten Landschaften. Der Duft der Pflaume ist weg.» [34]

«Der Duft der Pflaume ist weg»! Hätte ein anderer das Problem der Entkoppelung von unseren unmittelbaren

Sinneserfahrungen einfacher und treffender ausdrücken können, als dies Goethe vermochte?

Der Mensch als eingepackte «Massenware» im Auto, der Eisenbahn und im Flugzeug, wo man aus dem Fenster schauend meint, die Welt draußen stehe still und man müsse bei einer Geschwindigkeit von 900 km/h die nicht enden wollende Zeit mit nichtssagenden Videos und schlechtem Essen totschlagen, um nach zwölf Stunden Flug zu erkennen, dass man noch gar nicht im fremden Land anwesend ist und die Seele sich immer noch am Heimatort befindet!

Ja, nicht nur der Duft der Pflaume ist weg, sondern mehr oder weniger alle Sinneseindrücke – besonders Geruch und Geschmack –, die ja wesentliche Bestandteile für unsere Erinnerungen sind. Somit sprechen wir mit Fug und Recht durch den Entzug von Sinneseindrücken von einer «Abwertung der Gegenwart».

An was soll man sich in einer sterilen Plastikwelt auch später erinnern, wenn sie nicht mit vollem Sinnesgehalt erfüllt ist – höchstens an den Geruch einer durch eine Mikrowelle aufgeheizten Nahrung? Auch im späteren Leben können sogar durch Geruchs- bzw. Geschmackserlebnisse längst versunkene Jugenderinnerungen auftauchen, die bis dahin verborgen in den unbewussten Gründen des Leibes ruhten und jetzt wieder auf geheimnisvolle Weise aktualisiert werden. Ein klassisches, für die Sinnesphysiologie wegweisendes Beispiel stammt von dem französischen Romancier Marcel Proust, der in seinem berühmten Werk *Auf der Suche nach der verlorenen Zeit* diese Form der Erinnerungsentstehung sehr schön und genau charakterisiert hat:

«Sobald ich den Geschmack jener Madeleine wieder-erkannt hatte, die meine Tante mir, in Lindenblütentee getaucht, zu verabfolgen pflegte (obgleich ich noch immer nicht wusste und auch erst späterhin würde ergründen können, weshalb die Erinnerung mich so glücklich machte), trat das graue Haus mit seiner Straßen-front, an der ihr Zimmer sich befand, wie ein Stück Theaterdekoration zu dem kleinen Pavillon an der Gartenseite hinzu, der für meine Eltern hinten heraus angebaut worden war (also zu jenem verstümmelten Teilbild, das ich bislang allein vor mir gesehen hatte) und mit dem Hause der Stadt, der Platz, auf den man mich vor dem Mittagessen schickte, die Straßen, die ich von morgens bis abends und bei jeder Witterung durchmaß, die Wege, die wir gingen, wenn schönes Wetter war. Und wie in den Spielen, bei denen die Japaner in eine mit Wasser gefüllte Porzellanschale kleine, zunächst ganz unscheinbare Papierstückchen werfen, die, sobald sie sich vollgesogen haben, auseinandergehen, sich winden, Farbe annehmen und deutliche Einzelheiten aufweisen, zu Blumen, Häusern, zusammenhängenden und erkennbaren Figuren werden, ebenso stiegen jetzt alle Blumen unseres Gartens und die aus dem Park von Monsieur Swann, die Seerosen auf der Vivonne, die Leutchen aus dem Dorfe und ihre kleinen Häuser und die Kirche und ganz Combray und seine Umgebung, alles deutlich und greifbar, die Stadt und die Gärten auf … aus meiner Tasse Tee.»[35]

Wer kennt nicht die erregenden Momente, wenn einem zufällig in der Vorweihnachtszeit in einer fremden Wohnung der Gebäckduft in die Nase steigt, den man in seiner frühesten Jugend schon von zu Hause kannte, oder wenn man nach vielen Jahren das Zimmer betritt, wo einem der Geruch der alten Bücher an so manche interessante Unterhaltung mit einem inzwischen verstorbenen Freund erinnert?

Es ist durch die Technisierung nach Goethes Auffassung zugleich mit der Isolation von der Welt der Verlust der elementaren Sinnlichkeit zu beklagen, wie sie ja Jahrtausende lang durch Spaziergang und Wanderung (aber auch durch Droschke und Fahrrad) erlebt werden konnte.

Ich persönlich erinnere mich noch sehr deutlich an zwei Entschleunigungserlebnisse vor vielen Jahren, die mir besonders durch die vielfältigen Sinneseindrücke stark in der Erinnerung geblieben sind, sodass ich noch heute bestimmte Momente exakt aus dem Gedächtnis hervorholen kann: einmal eine Wanderung durch die Toskana an einem Spätherbst mit dem Duft und Geschmack der Weinreben, der Wiesenkräuter, dem Geruch der engen Gassen und der Gemüsemärkte, vermengt mit müden Füßen, schmerzenden Waden, Durst, Schweiß und Mattigkeit, und einige Jahre später eine dreitägige Flussfahrt in Nordthailand auf einem kleinen Bambusfloß, das ja logischerweise die gleiche Geschwindigkeit wie der Fluss hatte und welches immer wieder durch Schnellboote, die einen ohrenbetäubenden Lärm verursachten, überholt wurde. Damals verstand ich die tiefere Bedeutung des sich einfach «Treibenlassens» und bekam selbst nach kurzer Zeit die innere Ruhe und Gelassenheit eines Asiaten …

An seinen Duzfreund, den Berliner Komponisten Zelter, schrieb Goethe am 6.6.1825 über die neue «veloziferische» Entwicklung besorgt: «Alles aber, mein Teuerster, ist jetzt *ultra*, alles transzendiert (man könnte es mit «über das Ziel hinausschießen» interpretieren, O. K.) unaufhaltsam, im Denken wie im Tun. Niemand kennt sich mehr, niemand begreift das Element, worin er schwebt und wirkt, niemand den Stoff, den er bearbeitet … Junge Leute werden viel zu früh aufgeregt und dann im Zeitstrudel fortgerissen; Reichtum und Schnelligkeit ist, was die Welt bewundert und wonach jeder strebt; Eisenbahnen, Schnellposten, Dampfschiffe und alle möglichen

Fazilitäten der Kommunikation sind es, worauf die gebildete Welt ausgeht, sich zu überbieten, zu überbilden und dadurch in der Mittelmäßigkeit zu verharren.»

Fortschritt als Verharren in der Mittelmäßigkeit? Könnte es ja geben! Im alten China etwa verband man «Fortschritt» mit einem positiven und zugleich negativen Beigeschmack. Man schreitet einerseits in der Entwicklung fort, aber entfernt sich gleichzeitig auch vom Altbewährten, zu dem man manchmal nach Jahren oder Jahrzehnten wieder reumütig zurückkehrt.

Schnelllebige und oberflächliche Information statt wahres Wissen? Die Zeit beschleunigt sich für unser subjektives Erleben, weil wir so viel an Ereignissen durch Presse, Radio und Fernsehen aufnehmen müssen, dass die Seele des Menschen nicht mehr mitkommt und somit als Selbstschutz im Mittelmaß verharren möchte, in der konservierten Bürgerlichkeit, die sich äußerst entwicklungsfeindlich gebärden kann …

Wir sind die Treibenden.
Aber den Schritt der Zeit,
nehmt ihn als Kleinigkeit
im immer Bleibenden.

Alles das Eilende
wird schon vorüber sein;
denn das Verweilende
erst weiht uns ein.

Knaben, o werft den Mut
nicht in die Schnelligkeit,
nicht in den Flugversuch.

Alles ist ausgeruht:
Dunkel und Helligkeit,
Blume und Buch.[36]

Zeit und die Kunst
des Lebens

«Wer nicht das, was im Moment vorhanden ist, in seiner
Tiefendimension wahrnimmt, wird süchtig nach Veränderung –
wer süchtig ist nach Veränderung, hat keine Zeit, den Moment
und das Leben im Augenblick in seiner Tiefendimension
wahrzunehmen. Die Frage ist, wie eine ‹angemessene Ver-
änderungsgeschwindigkeit› unter diesen Umständen überhaupt
gefunden werden kann.»

Olaf Georg Klein[37]

Wie können wir die Welt, die uns durch das moderne Tempo angeblich unter den Händen zu entgleiten droht, wieder einfangen, sie mit unserem Seelenkern, unserem Gemüt verbinden?

Dazu mögen einige Gedanken über die Zeit und den bewussteren Umgang mit ihr hilfreich sein:

Beginnen wir mit einigen elementaren Gedanken und Alltagserfahrungen.

Durch unseren Körper mit seinen vielgestaltigen Organen sind wir Wesen mit einer räumlichen Organisation, die aber neben einem quantitativen auch einen qualitativen Aspekt beinhaltet: oben und unten, hinten und vorne und links und rechts sind unterschiedliche Größen mit eigenem Charakter. In dieser räumlichen Welt auftretende Phänomene oder gar Krankheitssymptome müssen deshalb, je nachdem ob sie zum Beispiel auf unserer linken Seite, wo sich anatomisch das Herz und die Milz befinden, oder auf der rechten Seite, wo das Hauptstoffwechselorgan Leber sitzt, bei Gesundheit und besonders bei Krankheit unterschiedlich bewertet werden. Auf der linken Körperseite, wo die inneren Organe in die Leichte streben, haben wir die Gefühlsseite – dort schaut auch, wenn wir Fotos von Gesichtern betrachten, das Auge mehr nach innen. Rechts, wo die inneren Organe mehr der Schwerkraft unterliegen und deshalb anatomisch eher nach unten orientiert sind, befindet sich die Willensseite, die praktische Seite des Menschen. Daraus erklären sich auch manche Phänomene der Rechts- und Linkshändigkeit und klinische Untersuchungen bei Krebs, der in der linken oder rechten Brust auftreten kann: Die linke Brust wird mehr mit starken Gefühlseinbrüchen in der frühesten Kindheit assoziiert und die rechte Brust mit aktuelleren Lebensproblemen. Genauso müssen wir Krankheitssymptome anders bewerten, wenn sie im Rücken auftauchen, mit dem wir ja unser ganzes vergangenes Schicksalsgepäck tragen müssen, oder aber im vorderen Bereich des Körpers, wo wir mit unseren Sinnesorganen die ganze uns umgebende Welt aufnehmen. So tritt zum Beispiel die Neurodermitis gern in den Armbeugen auf, also auf der Innenseite der Arme, wo unsere Haut ganz fein und sensibel ist und mit unseren inneren Stoffwechselorganen zu tun hat, die Schuppenflechte als eine Art «Panzerung» im Ellbogenbereich, auf der Streckseite der Arme, wo die Haut viel gröber ist und die Außenfläche des Körpers repräsentiert.

Begeben wir uns hingegen auf die Lebens- und Seelenebene, so müssen wir neben dem Räumlichen noch den Zeitfaktor hinzunehmen, der ja immer gleichzeitig einen seelischen Erlebnisinhalt – zum Beispiel durch die Erinnerung – besitzt, sonst würden wir ja im Zeitlosen leben. Von der jeweiligen individuellen Erlebnisqualität selbst hängt es ab, ob für uns die Zeit schneller oder langsamer verläuft. In der Jugend verläuft die Zeit erfahrungsgemäß gedehnter als im Alter, sodass wir von einer individuell subjektiven «Ereigniszeit» bzw. «Erlebniszeit» sprechen können. Im Gegensatz dazu haben wir den sogenannten «objektiven» Zeitverlauf, den wir aus rein äußerlich-räumlichen Veränderungen bestimmen: mithilfe der Uhr, Veränderungen in der Natur oder im Gesicht eines Menschen etc. Jeder hat somit auch ein individuelles Zeitbewusstsein – zum Beispiel wie schnell der Sommer «vergeht» und überhaupt alles Schöne und wie sich der Winter dehnen kann, die nächtlichen Zahnschmerzen oder auch unangenehme Begegnungen. In Nietzsches *Also sprach Zarathustra* gibt es dazu eine entsprechende Stelle über Leid und Lust, die auch von Gustav Mahler in seiner dritten Symphonie genial vertont wurde:[38]

O Mensch! Gib acht!
Was spricht die tiefe Mitternacht?
Ich schlief, ich schlief –,
Aus tiefem Traum bin ich erwacht: –
Die Welt ist tief,
Und tiefer als der Tag gedacht.
Tief ist ihr Weh –,
Lust – tiefer noch als Herzeleid:
Weh spricht: Vergeh!

Doch alle Lust will Ewigkeit –,
– will tiefe, tiefe Ewigkeit!

Auch an dem Zeiterlebnis können wir, ähnlich wie in der Raumeswelt, eine qualitative Dreiheit, d.h. Dreidimensionalität, unterscheiden, die wir Vergangenheit, Gegenwart und Zukunft nennen. Wir werden somit unmittelbar, wenn wir die Natur, ihre Jahreszeiten, aber auch biografische Entwicklungen studieren, die Erfahrung machen, dass Zeit in rhythmischen (die mit der Zahl Sieben, aber auch Fünf oder Zehn etc. zu tun haben) bzw. zyklischen Gesetzmäßigkeiten (die immer wieder in veränderter Gestalt auftauchen) verläuft und nicht eine lineare Abfolge von Ereignissen ist, die einmal geschehen, vorbei sind! Dies entspricht mehr der westlichen, die zyklische Auffassung von Zeit mehr der östlichen Mentalität. «In Indien hat jeder Zeit und häufig auch einen einfachen Gedanken, der mit einem Vorübergehenden geteilt werden will, wie etwa der Mann, der in einer armseligen Bude an einer Landstraße steht und Tee zubereitet. Er reicht dir etwas davon in einer Tonschale und fordert dich auf, diese nach dem Trinken auf den Boden zu werfen, um dich darauf aufmerksam zu machen, dass so die Schale wieder zu Erde wird – damit neue Schalen daraus entstehen. Der ewige Kreislauf, dem auch wir unterworfen sind.»[39]

Wenn wir den Menschen als ein geistiges Wesen an-schauen, der u.a. an ewigen Ideen und Idealen teilhaftig werden kann, die über seine biologische Lebenszeit hin-ausweisen und einen gewissen Ewigkeitswert besitzt, so kommen wir in den Bereich der Dauer, des Überzeit-lichen bzw. Unvergänglichen. Wir müssen in unserem Leben also drei Bereiche anschauen: Körper, Seele und Geist, und dadurch nehmen wir gleichzeitig an Raum, Zeit und auch Ewigkeit teil.

Auch den geistigen Bereich des Dauernden können wir im Sinne der Dreiheit (Trinität) differenzieren: im christlichen Sinne als Vater, Sohn und Heiliger Geist, im alten Ägypten als Isis, Osiris und Horus – mütter-liches und väterliches Prinzip und das daraus entstehende Neue, der Sohn – und bei den Alchemisten als Sulfur (Auflösung), Sal (Gestaltung) und Merkur (Mitte bzw. Gleichgewicht zwischen den beiden Einseitigkeiten).

Dass Zeit Leben und Entwicklung (nicht nur rein bio-logisch gemeint) bedeutet, ich glaube, daran kann man so leicht nicht zweifeln. Wie man die vorhandene Zeit – ob wenig oder viel – qualitativ ausfüllt, sodass sie einen wie auch immer gearteten Inhalt bekommt, ist eine sehr persönliche Angelegenheit. Auch in dem kleinsten und unbedeutendsten Haus können ja größte Dinge voll-bracht werden – und natürlich auch umgekehrt.

Da Zeit also Leben ist, wäre zu hinterfragen, ob man

Zeit tatsächlich «totschlagen», «verlieren» oder sogar «sparen» kann? Es gibt keine «Zeitspardosen» – entweder man ergreift den Moment, füllt das Ereignis mit Inhalt oder es geht spurlos vorüber und ist damit verschwunden …

Wer also keine Zeit mehr hat, dürfte nach dem vorhin Gedachten eigentlich kein (lebenswertes und seelisch erfülltes) Leben mehr führen! Ich denke, dass wir als moderne Menschen durch Mehrfachtätigkeiten, Geschwindigkeitsrausch, mannigfaltigste Ablenkungen, Ernährungsgewohnheiten etc. uns zwar immer mehr räumlich als auch zeitlich entgrenzen, somit aber auch das Zeitgefühl verlieren und uns seelisch «veroberflächlichen», statt uns zu begrenzen, um somit mehr Tiefe, Beständigkeit und Ernst zu gewinnen. Wollen wir zu viel in der uns zur Verfügung gestellten Zeit, so «inkarnieren» (verleiblichen) wir uns nicht genügend in die Gegenwart, weil wir uns schon mit dem nächsten Ereignis beschäftigen. Wir könnten es auch ganz simpel «flüchtig» nennen!

Durch meine persönliche Erfahrung kommt Stress, d.h. seelische Atemlosigkeit, dadurch zustande, dass man immer schon beim Tun an die nächsten zu erledigenden Dinge denkt und plant, als wolle und müsse man noch vor Vollendung eines Atemzuges schon den nächsten machen. Durch die vielen Ereignisse und verlockenden

Meine Zeit in Berlin

Angebote – besonders in einer Großstadt (ich spreche da von eigenen Erlebnissen besonders in den ersten Jahren meiner Zeit in Berlin) – entsteht eine Form von «Versäumnisangst» mit dem Gefühl, meist genau zur falschen Zeit am falschen Ort zu sein, weil ja zum Beispiel ein tolles Feuerwerk am Alexanderplatz stattfindet, man aber leider am «falschen» Ort ist, nämlich in der Deutschen Oper in Charlottenburg … Ach, könnte man doch an zwei oder sogar mehreren Orten gleichzeitig sein! Wo man eigentlich überall hin müsste, um ja nichts zu versäumen! Die Psychologie nennt dies nicht zu Unrecht «Versäumnisterror».[40]

Als individueller Teil eines «Volkes ohne Zeit» wird man manchmal durch seinen eigenen Organismus, nämlich durch Krankheit oder einen Unfall, im Sinne einer leiblich bedingten Selbsterziehung wie Schilddrüsenprobleme, Bluthochdruck oder gar Herzrhythmusstörungen förmlich gezwungen, wieder eine alte griechische Tugend zu entwickeln: die Besonnenheit. Ich habe mir mehrmals im Leben immer dann den Fuß verstaucht, wenn ich rein äußerlich zu viel auf einmal wollte, dadurch seelisch atemlos wurde und der Organismus mir durch einen verknacksten Knöchel weisheitsvoll (was einem aber erst später verständlich wird!) eine «Entschleunigung» gegönnt hat, um wieder zu mir zu kommen. Merkwürdigerweise lachen ja die meisten Menschen, wenn sie einen Hinkenden sehen, als ob sie den Hintergrund dieser natürlichen «Bremsung» ahnen würden.

«Besonnenheit», ein wunderbares Wort, in dem ja der Begriff «Sonne» als ein Bild für Weisheit und Vernunft enthalten ist. Vollendet man seine Sache nämlich gründlich und intensiv und verbindet sich seelisch mit ihr, ist ganz absorbiert, so dehnt sich die Zeit wohltuend aus, wie wir das auch bei der künstlich herbeigeführten Lange-Weile erleben können.

Durch die affektive Verbindung mit einer Sache, die uns dann *ihren* Rhythmus auferlegt, entsteht eine andere Form von Erinnerung an Ereignisse, die, obwohl längst vergangen, doch noch taufrisch in der Seele leben: das affektive Gedächtnis, das «souvenir», im Gegensatz zum rein äußerlichen Tatsachengedächtnis, dem «mémoire». Auch das englische Wort für «auswendig lernen» – «to learn by heart» – zeigt ja eine Gemütsverbindung mit den zu verinnerlichenden Gegenständen. Hat der heutige Mensch vielleicht Angst vor dem Gegenwärtigen, dass er so oft ins Gestern oder gar Übermorgen flieht?

Eine lehrreiche Parabel, aus dem Zen-Buddhismus überliefert, kann uns veranschaulichen, was gemeint ist:

Ein Lehrer diskutiert mit seinem Schüler über die richtige Art des Anwesendseins:

«Wenn ich esse, dann esse ich, wenn ich trinke, dann

trinke ich, wenn ich gehe, dann gehe ich.» – «Aber das mache ich ja auch», entgegnet ihm der Schüler. «O nein», widerspricht ihm der Meister.» – «Denn wenn du isst, dann sitzt du schon im Auto. Und wenn du Auto fährst, dann sitzt du schon im Büro. Und wenn du im Büro bist und einen Brief diktierst, dann bist du schon auf der nächsten Sitzung oder denkst an das gestrige Gespräch mit deinem Geschäftspartner aus Kanada …»

Ich denke, dass dieses Problem heute jeder Mensch zur Genüge kennt, dass nämlich Vergangenheit, Gegenwart und Zukunft in unserer Seele kontinuierlich durcheinanderwirbeln und man sich ungeheuer disziplinieren muss, um tatsächlich «anwesend» zu sein!

Ein mir bekannter Vortragsredner begann manchmal seinen Vortag damit, dass er nach dem bekannten «Verehrte Anwesende» dem Publikum sagte: «Ja, schon in der Anrede liegt das eigentliche Problem: Sind Sie wirklich jetzt anwesend – körperlich ja – aber …?» Manche Philosophen wie der Kirchenvater Augustinus behaupten ja zu Recht, dass Zukunft und Vergangenheit sich eigentlich im jeweiligen Augenblick spiegeln und es deshalb drei getrennte Zeiten gar nicht gäbe:

Das Vergangene lebt gegenwärtig im Gedächtnis, die momentane Gegenwart lebt im unmittelbar Gegebenen und das Zukünftige spiegelt sich zum Beispiel in der Gegenwart als Hoffnung auf das, was noch kommen soll.

Wie schon erwähnt, ist unser eigenes Zeiterleben ja nicht von Uhr und Kalender abhängig, sondern von unserer jeweiligen psychischen Verfassung. Vor einer Woche hat mich vielleicht jemand schwer beleidigt und ich kaue immer noch an dieser Verletzung herum. Dieses seelische Trauma ist für mich nicht Vergangenheit, sondern unmittelbar in jedem Moment gegenwärtig, vielleicht sogar gegenwärtiger als das momentane Geschehen um mich herum. Das Gleiche kann mit Zukunftshoffnungen passieren, die mich seelisch ganz besetzt halten. Man müsste dies auch einmal bei geschichtlichen Ereignissen prüfen, ob zum Beispiel der ideelle Gehalt von Kommunismus, Faschismus oder Nationalsozialismus nicht gegenwärtiger ist, als wir denken, obwohl er angeblich schon «Geschichte» geworden ist. Als ich vor Jahren eine Filmdokumentation über die NS-Zeit sah, fühlte ich mich bei der Totenbeschwörung in Nürnberg mit dem Lichtdom für die Opfer des Marsches auf die Feldherrnhalle 1923 an ein altägyptisches Ritual erinnert.

Altes loszulassen und offen für Gegenwärtiges zu sein, erfordert ein gerütteltes Maß an Selbstdisziplin und Selbsterkenntnis und ist Voraussetzung für «Geistesgegenwart».

Ein Beispiel soll zeigen, dass, auch wenn äußere Ereignisse schon längst vorüber sind, sie dennoch in unserer Seele gegenwärtig bleiben bzw. überdauern, was ja u.a.

auch fürchterliche historische Ereignisse betrifft und als Gegenwart der Vergangenheit bezeichnet wird:

Zwei Mönche kommen am frühen Morgen an einen Fluss. Eine Frau bittet sie, sie doch hinüberzutragen. Der ältere Mönch trägt sie hinüber, und die beiden Mönche gehen weiter. Am Abend sagt der jüngere Mönch zu dem alten Mönch: «Warum hast du eigentlich die Frau hinübergetragen? Du weißt doch, dass es uns Mönchen verboten ist, eine Frau zu berühren.» Da antwortet der älter Mönch: «Ich habe sie nur eine Minute getragen, aber du trägst sie den ganzen Tag mit dir herum.»[41]

Somit verstehen wir auch, dass «Zeit» bzw. Zeiterleben, dieses ewig nie stillstehende und sich wandelnde Wesen, schwer gedanklich zu fixieren ist. Ein Beispiel, aus der Natur entlehnt, kann beim Verstehenwollen vielleicht weiterhelfen. Stellen wir uns einen Fluss vor, meinet-wegen den Rhein, der unentwegt fließt, nie stille steht und sich dauernd verändert. Was bedeutet es nun, dass wir zum Beispiel vom «Altvater Rhein» sprechen? Wir meinen damit doch nicht das sichtbare Stück fließenden Wassers, sondern den Rhein oder einen anderen Fluss als ein unveränderlich-ideelles Wesen, das eine Geschichte hat und Menschen und Landschaft durch sein unver-wechselbares Dasein prägt. Das fließende, vergängliche Wasser im Fluss kann also nicht der wirkliche Fluss sein, ihn können wir nicht als eine Wesenheit ansprechen, genauso als würden wir eines Menschen Individualität meinen, die nicht mit der sichtbaren und veränderlichen Körperlichkeit identisch ist. Was wir also als den physischen Fluss «Rhein» benennen, ist eigentlich eine Illusion in unserer Wahrnehmungswelt – wie es auch das, was wir gewöhnlich «Zeit» nennen, ist, mit der wir ja ausschließlich physische Veränderungen bezeichnen. Erst durch ein Erfassen der Idee eines Flusses, die ja über jede Zeit erhaben ist und auch mit dem Austrocknen nicht erstirbt, haben wir etwas Reales erfasst. Die Indianer Nordamerikas sehen zum Beispiel in den Flüssen die Adern der Erde, die für Leben und Fruchtbarkeit verantwortlich sind. Ist dies nicht auch in der übrigen Wahrnehmungswelt so? Wir sehen das Leben vorüberfließen, ohne es anhalten zu können: Ereignis folgt auf Ereignis. Erst was wir als Unvergängliches im ewig Wandelbaren erfasst, gewissermaßen aus dem Zeiten-Strom bzw. der Vergänglichkeit durch Ideen verewigt haben, wird auch das physische Ende überleben – das ist meine feste Überzeugung.

Es ist das Entdecken der Idee in der physischen Wirklichkeit und somit das Himmelsbrot für den Menschen, was sicher auch ein wichtiger Aspekt des Sinns des Lebens ist. Am Beispiel des Rheins oder anderer Dinge erleben wir uns in zweierlei Hinsicht: als zeitliche und damit vergängliche biologische und seelische Wesen, aber auch als Erkennende und dadurch im Überzeitlichen uns Betätigende. Ich denke, dass alle Weisen, Religionsstifter, Philosophen etc. – ob sie es Geist, Gott, Tao oder Entelechie nannten – den Wert des Dasein aus dieser Tatsache schöpften. Je mehr wir Letzteres vollziehen, desto mehr schwindet die Angst vor dem Lebensende und umso interessanter wird das Leben selbst als eine Schule, wo Ereignisse individueller und auch historischer Art uns aufrufen, uns als denkende Wesen zu betätigen und dem Dasein ewige Erkenntnisse über Leben, Tod, Mensch, Geschichte, Entwicklung, Natur etc. abzuringen.

Nehmen wir dramatische politische Ereignisse aus der jüngsten Vergangenheit und schauen wir genau hin, was offiziell gesagt wird und wie sich manche Dinge entwickeln und vielleicht noch nach Jahrzehnten ein ungeahntes dramatisches Nachspiel haben. So haben wir die einzelnen Tatsachen wie den fließenden Rhein mit seinen wandelnden Ereignissen vor uns. Aber sind diese äußeren Fakten denn die tatsächliche Wahrheit, die dahintersteckt? Was ist zum Beispiel für die Menschheit die Folge der Attacke auf die sogenannte «westliche Freiheit», die es offiziell zu verteidigen gilt? Mehr Kontrolle, Überwachung und eine gehörige Portion Beschneidung bürgerlicher Rechte, also Unfreiheiten, die bei jedem weiteren Ereignis immer weiter durch einen Bürokratie-Dschungel vermehrt werden. Es kann ja sein, dass die eigentliche Idee, nämlich die der weltweiten Kontrolle durch Angst, die hinter den vielfältigen äußeren Ereignissen steckt, dies alles nur inszeniert hat, um durch eindeutige Folgeerscheinungen einen Vorwand zu haben, gegen den wahren Geist der Freiheit und der Individualität vorzugehen. Damit hat man einen überzeitlichen Aspekt gewonnen, der einem die Ereignisse, die zum Beispiel aus dem «verordneten Terrorismus» noch kommen können, ganz anders bewerten und eine gewisse Zukunft erwarten lassen! Es ist der nie versiegende Strom der Lüge, Manipulation, Entindividualisierung und Geistverneinung, also des real existierenden Bösen, das sehr oft hinter den scheinbar «bedrohlichen» Ereignissen steckt und die Menschheit durch Angstepidemien gefügig machen möchte! Rudolf Steiner hat zu Beginn des Ersten Weltkriegs eine ihm nahestehende Persönlichkeit fast prophetisch auf diese kommende Entwicklung hingewiesen: «Wenn das vorüber sein wird, was man Krieg nennt – ja, dann wird es so sein, dass alles Konventionelle versagt; dass alle Tünche von den Lebensverhältnissen abfällt! Die Menschheit ist in ein Stadium ihrer Entwicklung eingetreten, wo das Böse und die Lüge sichtbar werden müssen! Es ist alles schon da: das Böse, Grauenhafte, das Verlogene, der Verfall – es ist alles da, aber es ist noch übertüncht! Und es *muss* offenbar werden! Das wird sich in den Lebensverhältnissen des Einzelnen zeigen – in den

Ehen, den Familien, den Freundschaften und vor allem in den Feindschaften – wie im Gesamtleben der Völker, der Staaten! Es wird für gewisse Dinge keine Hemmungen mehr geben. Durchstehen, ohne seelisch zugrunde zu gehen, ohne seelisch Schaden zu nehmen, werden alles das, was kommt, nur die Menschen, welche draußen und vor allem *im eigenen Inneren* das Wesentliche vom Unwesentlichen unterscheiden können! Das ist sehr schwer! Sehr schwer!›, wiederholte er, ‹das erfordert unablässige, mühevolle Übung. Denn hier liegt die furchtbarste Verführung! Die Menschheit wird den Kampf gegen die Lüge zu führen haben – das Urböse!›»[42]

Jeder möge selbst von diesen Bemerkungen ausgehend die Ereignisse der letzten Jahrzehnte und die der Gegenwart beurteilen!

Zuvor wurde schon erwähnt, dass im Umgang mit der Zeit immer die Mitte zwischen zwei Extremen zu finden sei, um durch ein gesundes Innehalten, durch Achtsamkeit, intensivere Wahrnehmung und Konzentration auf eine Sache, einen erfüllten Augenblick herbeizuführen. Aber eine zu starke Verlangsamung, wie wir sie vielleicht bei einer Depression finden, ist genauso schädlich wie der Geschwindigkeitswahn, der uns aus dem alltäglichen Leben herausschleudert und, auch wenn alles schneller geschieht, hinterher das Leben nicht unbedingt billiger und effizienter macht.

«Bei anhaltender Langsamkeit, wie man sie bei Gefangenen, depressiven Menschen oder Langzeitarbeitslosen beobachten kann, sind die individuellen Folgen mindestens so verheerend wie die Folgen des Geschwindigkeitswahns auf der anderen Seite.»[43]

Auf beiden Seiten haben wir es dann im Extrem mit innerer Leere, Interesselosigkeit und Sinnlosigkeitsgefühlen zu tun.

Ein weiteres Zeitmodell kann uns helfen, das schwierige Problem der Zeit besser zu durchdringen: Man betrachte die Zeit genauso wie den Raum, d.h. «perspektivisch». Gehen wir zum Beispiel durch eine Allee spazieren, so ist unsere unmittelbare Erfahrung, die wir auch bei einer Zeichnung verwenden, dass die entfernteren Gegenstände, wie beispielsweise die Bäume, kleiner erscheinen – aber sie sind nicht verschwunden, sondern umstehen mich noch, wenn auch in weiterer Entfernung. Die «ver-gangenen» Gegenstände umgeben mich wie zeitlich vergangene Ereignisse, wenn auch entfernter, sind immer noch anwesend und vielleicht sogar wesentlich bedeutender als die momentanen Bäume und Hügel. «Zum Raum wird hier die Zeit» ist ein berühmtes Zitat aus Richard Wagners Gralsoper *Parsifal*.

Durch den perspektivischen Blick auf die Zeit können wir folgern, dass Gestern nicht einfach weg und Morgen nicht nur verhüllt ist: Beide sind durch erhöhte Aufmerksamkeit in jedem Moment noch bzw. schon erlebbar. Zeichneten wir eine Landschaft auf ein Blatt Papier – also zweidimensional –, so würden wir einen gravierenden Fehler begehen, wenn wir meinten, die kleineren Bäume, die wir als weiter entfernte neben die näheren, größeren hinzeichneten, würden in Wirklichkeit *neben* den nahe stehenden Bäumen stehen. Beim Raum und seinen Entfernungen wissen wir, dass die Außenwelt nur ein Bild ist, wo es eben nicht anders möglich ist, als alles nebeneinander zu stellen. Genauso ist aber das Zeiterlebnis für uns nur «Bild», wo Dinge gleichzeitig da sind, aber sich in Wirklichkeit um uns Ereignisse abspielen, die aus einem längst vergangenem Geschehen urständen und erst jetzt aktuell werden. Wir kennen das sowohl aus der Geschichte als auch von unserem eigenen Seelenleben, dass plötzlich Probleme in einem neuen Gewand auftauchen, die schon vor langer Zeit geschehen sind: belastende Ereignisse in frühester Jugendzeit, die später als Depression oder Rheuma auftauchen, Selbstmordgedanken immer an einem bestimmten Jahrestag, wo vor Jahrzehnten sich eine traumatische Situation ereignet hat, oder kollektive Seelenstimmungen junger Menschen, die an den Idealismus oder die Romantik erinnern, sich aber plötzlich zu alltäglichen Ereignisse hinzugesellen …

Ein Hauptproblem unserer Zeit sehe ich in der Außensteuerung unseres Seelenlebens und auch unserer Arbeit, die unsere Selbstbestimmung und damit unseren individuellen Lebensrhythmus immer mehr korrumpiert. Dazu gehört auch die Tyrannei eines immer «Schneller und Höher». Aus diesen Automatismen heißt es, einen Ausweg zu finden, um wieder zu einer persönlichen «Wohlfühlgeschwindigkeit» zu kommen. Wie schon der bedeutende französische Philosoph Montaigne formulierte: «Der Nutzen des Lebens kommt nicht auf desselben Dauer, sondern auf den Gebrauch an. Mancher, der kurze Zeit gelebt hat, hat lange gelebt. Macht euch dazu gefasst, solange ihr noch am Leben seid. Es beruht auf eurem Willen, nicht auf die Anzahl der Jahre, die ihr gelebt habt.»

Wie kommen wir langsam aber sicher aus unserem zum Teil selbst gemachten Freiheitsentzug und unserer Selbstausbeutung heraus?

Eine Möglichkeit ist, sich immer wieder zu hinterfragen, was wesentlich und was unwesentlich ist. Man kann da nicht genug im ganz Kleinen beginnen. Ist es wirklich notwendig, jetzt sofort zur Post zu gehen, um das Paket, das ja morgen auch noch da ist, abzuholen? Was ist das Motiv, dies jetzt unbedingt tun zu wollen? Wollen wir nicht von Terminen geknechtet werden, so müssen wir alles versuchen, wieder souverän (!) mit der Zeit umzugehen. Untersuchungen haben gezeigt, dass Mitarbeiter und auch Führungskräfte, die über eine größere

Zeitsouveränität verfügen, langfristig mehr Respekt genießen, bessere Chancen zur Selbstentwicklung haben und mehr Anerkennung bekommen als Mitarbeiter, die zwar an der Oberfläche selbst unrealistische Zeitvorgaben und übermäßige Beschleunigung widerspruchslos akzeptieren, aber durch Fehleinschätzungen, mangelnde Abgrenzung, durch zwangsläufig entstehende Fehler und geringe Kreativität weniger effizient sind und sich durch Stress und Überlastung außerdem selbst schädigen.

Also: Wir müssen diese Form von «Überidentifikation» mit den Sachen zu vermeiden suchen! Das heißt konkret gesprochen: Immer wieder, wenn auch für eine kurze Zeit, aus dem Lebensstrom aussteigen und mit Überblick und Distanz die Ereignisse von einem höheren Gesichtspunkt beurteilen lernen! Ich pflege manchmal einem Menschen, der sich bei mir beklagt, dass der Zug 20 Minuten Verspätung hat, im Scherz zu sagen: Was sind 20 Minuten im Angesicht der Ewigkeit?

Aus dem Dargestellten wird deutlich, dass durch ein immer höheres Tempo, Stress und zeitliche Überforderung auch die Beziehung zu unserer unmittelbaren Umwelt gefährdet ist. Eine Möglichkeit, das Leben wie einen Fluss anzusehen und zu schauen, was auf uns zukommt oder vorbeifließt, hatten wir schon kennengelernt. Dass wir eine neue Beziehung zu unserer Welt, ein wirkliches Einwohnen mit unserer Seele anstreben, um im besten

Sinne «anwesend» zu sein, soll im Folgenden betrachtet werde.

Luciano De Crescenzo, ein ehemaliger italienischer Manager, der schon vor vielen Jahren seine Tätigkeit aufgegeben hat, um sich dem Studium der schönen Muße, der Philosophie, zu widmen, hat uns in seinem sehr lesenswerten Buch *Geschichte der griechischen Philosophie*[44] von einem ideellen Nachfahren der hylozoistischen – von griechisch «hyle» (Materie) und «zoe» (Leben) – Philosophen wie Thales, Anaximander und Anaximines berichtet, die glaubten, alles, was es auf der Welt gibt, sei beseelt. Der Neapolitaner, den De Crescenzo 1970 am Stadtrand von Rom zufällig kennenlernte, hieß Peppino Russo und war in dem ganzen Stadtteil dafür bekannt, dass er im reichlich vorhandenen Abfall weggeworfene Puppen und alte Spielsachen sammelte und sie dann in die Bäume hing. Auch hängte er große Schilder mit Aufschriften auf wie: «Mensch, du bist die Natur, wenn du sie zerstörst, zerstörst du dich selbst.» Oder: «Gestern Abend hat die Welt mir Angst gemacht.» Oder: «Du bist groß und kannst doch nicht leben, ohne Krieg zu führen.»

Er wurde deswegen von der gesamten Nachbarschaft für verrückt erklärt.

Als sich nun beide kennenlernten, fragte der Autor Signor Peppino, was denn der tiefere Sinn dieser Aktionen sei. Der Alte verwickelte De Crescenzo nun bei Käse und Wein in ein Gespräch über das Wesen der Seele und die Frage, ob denn alle Gegenstände oder vielleicht nur Tiere und Menschen beseelt seien. «Die Spielsachen haben nicht schon, wenn sie aus der Fabrik kommen, eine Seele. Nein, nein, da sind sie ganz gewöhnliche Gegenstände. Sobald jedoch ein Kind sie liebt, schlüpft ein Stückchen seiner Seele in das Plastikmaterial und verwandelt es in lebendige Materie. Ja, und von dem Augenblick an kann man ein Spielzeug nicht mehr einfach wegwerfen, auch wenn es in der Zwischenzeit kaputt gegangen und verbeult ist. Deshalb gehe ich überall herum und sammle die Sachen ein und lasse sie auf den Bäumen, inmitten von Blumen, in Regen und Sonne weiterleben.»

Dann ging das Gespräch von den Puppen über zu anderen Objekten und schließlich auf das Problem von Leben und Tod. Peppino fragte den Autor unvermittelt, ob er je die Leiche eines Menschen gesehen hätte und erzählte ihm seine eigenen Erfahrungen beim Tod seines Vaters:

«Vorher dachte ich immer, wenn er mal stirbt, drehe ich durch, da bin ich vor Schmerz ganz zerstört. Aber ob Sie's glauben oder nicht: Als es dann wirklich passierte, habe ich überhaupt keine Gefühlsregung gespürt, ja, es gelang mir nicht einmal, ein bisschen zu weinen. Ich stand einfach nur da und sagte gar nichts, gleichzeitig versuchte ich mich aber innerlich irgendwie zu rechtfertigen. Ich sagte mir: Ich weine nicht, weil ich ganz betäubt bin, ich weine nicht, weil ich gar nicht nachdenken kann. Alles falsch! Mein Verhalten ließ sich viel einfacher erklären: Ich weigerte mich schlicht, den Leichnam anzuerkennen! Diese Hülle, die da auf dem Totenbett lag, war nur ein Ding, das ganz offenbar keine Seele mehr und mit meinem Vater nichts zu tun hatte.» Er unterbrach daraufhin das Gespräch, verließ für einen kurzen Moment das Zimmer und kam mit diversen Gegenständen zurück, die dem Vater gehört hatten: Brille, Eisenbahneruhr, Pfeife, Briefbeschwerer usw.

«Erst am nächsten Tag, als ich sein Zimmer betrat, um Dokumente zu suchen, sah ich einige Sachen von der Art, die man gewöhnlich persönliche Gegenstände nennt. Die sehen und von Gefühlen übermannt werden, war eines: Endlich konnte ich weinen. Jetzt wusste ich, wo mein Vater sich versteckt hatte: in der karierten Wolldecke, in dem Füllfederhalter mit der Goldkappe, im Ledersessel mit den abgegriffenen Armlehnen, in den vielen Dingen, die er in seiner Einsamkeit täglich benutzt hatte.»

Dann ging das Gespräch zu der Möglichkeit der Beseelung von Haushaltsgegenständen über und mündete in die Frage, ob nicht auch Stadtviertel und Städte eine Seele hätten. «Die Seele einer Stadt ist eine selbstständige Einheit, eine Präsenz, die sich im Laufe der Zeit entwickelt hat und von Individuen gebildet worden ist, die darin in all den Jahrhunderten in Freud und Leid gewohnt haben. Je älter eine Stadt ist, desto weniger können ihre letzten Einwohner ihre Seele verändern. Nehmen wir nur einmal Rom: Jahrhundertelang war es das Ziel eines jeden, der etwas zu sagen hatte! Michelangelo, Caravaggio, Bernini, Horaz, Giordano Bruno und Tausende anderer Künstler und Denker sind hierher gekommen, um hier zu leben und zu sterben. Wie sollten da die Steine Roms austauschbar sein mit jenen von Los Angeles?»

Könnte diese Auffassung nicht auch eine Aufforderung an uns sein, wieder viel intensiver bei den uns umgebenen und vertrauten Gegenständen zu verweilen, statt schon vor Vollendung einer Sache bei der nächsten zu sein, um die übernächste vorzubereiten … Eine wahre «Entschleunigung» kann nach meiner Erfahrung erst dann passieren, wenn wir mit unserem Seelenkern, mit gemütvollem Interesse wieder bei einer Sache verweilen lernen.

Tödliche und schöpferische Lange-Weile

«Um Interesse zu entwickeln, braucht man Zeit und Muße. Die lange Weile stellt diese Zeit zur Verfügung, wenn wir sie akzeptieren können. Können wir die Langeweile aber nicht akzeptieren, dann steht zwar Zeit zur Verfügung, aber wir fühlen uns dennoch gehetzt, dass jetzt endlich etwas geschehen müsse.»

Verena Kast[45]

Für unser alltägliches Bewusstsein wird der Seelenzustand der Langeweile – je nach Schweregrad – zumeist mit melancholischer Grundstimmung, gestörtem Lebensgefühl, grundlosem Weltschmerz, einer Blockade der bis dahin rastlos verlaufenden gedanklichen wie emotionalen Bedürfnisse oder ganz einfach mit innerer Leere, Verdruss und Sinnlosigkeit gleichgesetzt. Da Definitionen manchmal zum Verständnis einer komplizierten Tatsache sehr nützlich sind, seien hier zwei Beschreibungen aus einem psychologischen und psychiatrischen Wörterbuch zusammengefasst. Dort wird Langeweile als ein Zustand der Unausgefülltheit und Erlebnisarmut charakterisiert, gekennzeichnet durch Mangelgefühle und zugleich Gefühle des Überdrusses im verlangsamt erlebten Zeitstrom oder als ein unangenehmes Gefühl, das aufgrund eines starken Bedürfnisses nach mehr Aktivität oder aufgrund von Reizmangel zustande kommt und eine Folge der Unfähigkeit ist, von außen stimuliert zu werden.

Nach dem Philosophen Kant ist dies ein höchst «widriges Gefühl», das von der banalen Langeweile, die wir sicher alle schon einmal erlebt haben, bis hin zum Lebensüberdruss reichen kann.

Es ist interessant, dass im 19. Jahrhundert fast gleichzeitig Dichter und Schriftsteller in ganz Europa auftraten, die dieses besonders in den gehobeneren Klassen sich verbreitende Lebensgefühl je nach Volkscharakter in ihren Romanen und Schauspielen zum Inhalt machten: als «ennui», d.h. innere Leere, in Frankreich, als «Dandytum» in England, als die «Werther-Krankheit» mit ihren hypochondrischen Selbstmordfantasien in Deutschland und als «überflüssiger Mensch», der an einer chronischen Krankheit namens «skuka» («Langeweile») leidet, in Russland. Wir denken da besonders an die großartigen Dramen und Erzählungen von Anton Cechov, zum Beispiel *Eine langweilige Geschichte*, oder Iwan Gontscharows *Oblomow*, ein Roman über einen wohlhabenden Mann, der sich aus Überdruss weigert, sein Bett zu verlassen und dessen Leben nach seinen eigenen Worten schon mit dem Erlöschen anfing. Die oben genannte Erzählung von Cechov ist ein kleines Meisterwerk, die sogar für Thomas Mann als die ihm «teuerste» von Cechovs erzählerischen Schöpfungen galt, die an «stiller, trauriger Merkwürdigkeit in aller Literatur kaum seinesgleichen hat». Sie trägt den Untertitel *Aus den Aufzeichnungen eines alten Mannes* und schildert das langsame körperliche und seelische Zerfallen und das Abschiednehmen eines alten Professors von der Lehre und von seinem bisherigen Leben, das in schlaflosen Nächten vor seinem inneren Auge als völlig bedeutungslos vorüberzieht.

Das Problem der Langeweile kann man – wie auch den Stress – von zwei polaren Seiten her anschauen: von einer negativen, zerstörerisch und krank machenden, ja «tödlichen» Seite mit leiblichen und sozialen Folgen wie Suchtproblemen oder kriminellen Delikten, die aus reiner Langeweile geschehen, um dadurch etwas Erregendes zu erleben, und von der positiven Seite im Sinne einer Aufforderung, sich von innen heraus – aus eigenem Antrieb – zu betätigen. Die negativ tödliche Seite der langen Weile hat der amerikanische Regisseur Stanley Kubrick in seinem Film *Uhrwerk Orange* (*A Clockwork Orange*) meisterhaft dokumentiert.

In jeder künstlerischen Betätigung, sei es Lebens-, Liebes-, Heil-, Erziehungs- oder Kochkunst, finden wir ja die positive Seite unseres schöpferischen Seelenvermögens, das mit dem uns angeborenen Spieltrieb zu tun hat. Arbeitsmedizinische Studien haben gezeigt, dass Menschen, die nur nach rein äußeren Vorgaben agieren müssen und denen dadurch keine kreative Seite abgefordert wird, das Interesse an ihrer Tätigkeit immer mehr verlieren, was inneres Leersein und Langeweile erzeugt und zu einem «Bore-out»-Syndrom führen kann, das ähnliche körperlich-seelische Symptome aufweist wie das «Burn-out»-Syndrom!

Wir können prinzipiell sagen, dass das Empfinden und Wahrnehmen der Langeweile damit zu tun hat, von welcher Quantität, aber auch Qualität das momentane Verhältnis unserer Innenwelt zum jeweiligen Außenweltereignis ist. Diese bedingen ja einander. Die Außeneindrücke führen zu einer Anregung des Inneren, indem wir Vorstellungen und daran Gefühle von Sympathie oder Antipathie knüpfen, und stellen meist unseren gewöhnlichen seelischen Inhalt dar, der sich in uns je nach Temperament, Charakter und Fähigkeit weiter im individuellen Zeitenrhythmus entfaltet. Eine einseitige Hingabe an viele und schnell sich verändernde Eindrücke lässt die Zeit wie im Fluge vergehen, wie das sicher jeder schon auf Reisen erlebt hat. Dieses mehr passive Aufnehmen äußerer Eindrücke kann nun, speziell wenn diese nachlassen oder gar ganz aufhören und sich daran keine weitere innere Aktivität anschließt, zu einem Mangelgefühl werden, wie wir es beispielsweise auch beim Hunger kennen, besonders wenn die genossene Mahlzeit zwar in der Menge reichlich, aber qualitativ nicht vollwertig genug war. Nun begibt sich die Seele auf die Jagd nach weiteren sie stimulierenden Eindrücken, was dann im Laufe der Zeit zur Gefahr einer Überstimulation werden kann, zu einer förmlichen «Bildersucht», wie wir das durch Untersuchungen bei überhöhtem Fernsehkonsum kennen. Der Mensch ist entwöhnt, als «Antwort» auf das Außen sich von innen eigene Bilder bzw. Vorstellungen zu bilden, um die aufgenommenen Eindrücke gefühlsmäßig und gedanklich zu verarbeiten, d.h. zu «verdauen», und daran seine eigenen Vorstellungen zu bilden, wie wir dies etwa bei guten Büchern oder anderen bedeutungsvollen Kunstwerken kennen. Wenn wir dann davon eine

Verfilmung sehen, sind wir meist enttäuscht, weil unsere inneren Bilder offensichtlich viel inhaltsvoller sind. Ich denke, Pascal hatte recht, wenn er feststellte, dass durch die rein äußerliche Ablenkung und den Entzug sinnlicher Stimulationen erst einmal ein Gefühl der inneren Leere auftauchen muss und dadurch der natürliche Drang entsteht, sich von diesem negativ erlebten Empfinden durch weitere Zerstreuung auf irgendeine Art abzulenken.

Umgekehrt kann sich aber unser schöpferisches Innenleben nach den zuvor aufgenommenen Außeneindrücken auch abkoppeln, wie wir dies bei Künstlern erleben, die – zwar angeregt durch äußere Erlebnisse – diese dann durch ihre eigene Fantasie und Kreativität als eigenständiges Kunstwerk aus sich heraussetzen und dadurch neben allen Spielarten von «Geburtswehen» ein Glücksgefühl haben, nicht nur Geschöpf, sondern auch Schöpfer zu sein! Bei Caspar David Friedrich, dem berühmten Maler der Romantik, stand deshalb außer einer Staffelei nichts Weiteres im Atelier, da nichts Äußeres seine inneren, in der Natur aufgenommenen Bilder stören sollte.

Es gibt auch im gewöhnlichen menschlichen Leben zu gewissen Zeiten die vom Schicksal bedingte notwendige «schöpferische Langeweile», durch die der Mensch aus eigener Tätigkeit seinen seelischen Binnenraum ausfüllen und neu bestimmen lernen muss. Einige haben

sicher schon erlebt, dass, speziell bei biografischen Über-
gangssituationen bzw. Krisen, Dinge, die uns bis dahin
berührt haben – es kann sich da auch um Beziehungen
handeln –, nichts mehr bedeuten. Durch das Erlahmen
unseres Interesses verspüren wir nach und nach bis in
unsere Eingeweide hinein eine zunehmende Öde und
sollten dies als ein dringendes Signal verstehen, etwas im
Leben zu ändern, indem wir auf einer anderen Ebene
ein erneuertes Interesse zu entwickeln versuchen. Ja, gerade aus dieser inneren Echolosigkeit auf unseren bisher
gewohnten Lebensumkreis können bedeutende Impulse
ganz von innen heraus erwachsen, die sich manchmal
schon längere Zeit, aber unbewusst, in der Seele vorbe-
reitet haben.

Der dänische Philosoph Kierkegaard, der sich in seinen
Werken unter anderem viel mit den Fragen von Angst,
Langeweile und Wiederholung beschäftigt hat, war der
Meinung, dass sogar die Schöpfung des Menschen aus
der Langeweile Gottes resultiert. Obwohl ursprünglich
von ihm mehr kritisch gemeint, ist es doch ein interessanter Beitrag zum Thema einer letztlich positiven
«schöpferische Langeweile»:

«Ich gehe aus von dem Grundsatz, dass alle Menschen
langweilig sind … Was Wunder, dass es rückwärts geht
mit dieser Welt und das Böse immer mehr um sich greift,
da die Langeweile immer mehr überhand nimmt und die

Langeweile die Wurzel alles Übels ist. Das kann man vom Beginn der Welt an verfolgen: Die Götter langweilten sich, darum schufen sie die Menschen. Adam langweilte sich, weil er allein war, darum wurde Eva erschaffen. Von diesem Augenblick an kam die Langeweile in die Welt und nahm zu im genauen Verhältnis zur Menge der Menschen. Adam langweilte sich allein, dann langweilten sich Adam und Eva zu zweien, dann langweilten sich Adam und Eva und Kain und Abel en famille, dann wuchs die Menge der Menschen auf Erden, und sie langweilten sich en masse. Um sich zu unterhalten, kamen sie auf den Gedanken, einen Turm zu bauen, so hoch, dass er bis in den Himmel rage. Dieser Gedanke ist ebenso langweilig wie der Turm hoch war und beweist mit erschreckender Deutlichkeit, dass die Langeweile die Oberhand bekommen hatte.»[46]

Die im Leben auftretende Langeweile kann dort auftreten – dies wurde auf den vorhergehen Seiten schon zu zeigen versucht –, wo eine rein von außen kommende Stimulation fehlt und wir nun aufgefordert sind, aus uns selbst tätig zu werden, um die vorhandene «leere» Zeit mit eigenem Inhalt zu füllen.

Hierbei muss genau unterschieden werden, ob wir – ähnlich wie bei der Nahrungsaufnahme – Dinge aufgenommen haben, die nicht nur der Anzahl, sondern auch ihrem qualitativen Inhalt nach uns wirklich nähren oder uns als «seelische Hamburger» nach kurzer Zeit wieder nach neuen Stimulationen hungern lassen, oder ob wir an Dingen aktiv «herumkauen» müssen, um sie in uns zu integrieren (was ja Mühe verlangt) und dadurch eine Stärke und Vertiefung in unseren Gefühlen und Gedanken, also in unserem Gemüt, erreichen. Ich denke, dass ein jeder von uns die Theaterstücke, Bücher, Filme, ja sogar Gespräche kennt, die uns so tief berührt haben, dass die aufgenommenen Dinge erst im Lauf der Zeit richtig wachsen und sich in ihrer Bedeutung entfalten. Es kann sogar so weit kommen, dass man danach weitere Ereignisse meidet, um dem inneren Menschen für seine freie Entfaltung Raum zu lassen. Vielleicht ist es ja dem einen oder anderen schon passiert, dass er durch ein intensives Gefühlserlebnis sogar zu poetischen Produktionen angeregt wurde oder sich für eine Zeit in die Einsamkeit zurückziehen wollte, um mit seinem inneren Menschen endlich einmal wieder zu sprechen.

Diese inneren Dialoge sind mit einer vitaminreichen Nahrung zu vergleichen, die sogar noch andere Kräfte in uns, von denen wir gar nichts wussten, mobilisieren. Denken wir zum Beispiel an eine Theaterinszenierung zurück. Wir sprechen ja nicht nur auf das Sensationelle, das Grelle und Schockierende an, nein, wir wollen, wie der russische Arzt und Dramatiker Anton

Cechov es schon forderte, zart und leise die andere Hälfte des Stückes von innen heraus selbst ergänzen – als ein innerseelisch-schöpferisches Echo, das gerade in den dramatischen *Pausen* eines Stückes entstehen kann! Ich bin der festen Überzeugung, dass wir uns zur gesunden Verlangsamung unseres Lebens vielmehr mit der Bedeutung der sogenannten «Pause» beschäftigen sollten. Damit ist nicht die banale Pause gemeint, wo man zum Beispiel im Theater nach draußen tritt, um gepflegt ein Gläschen zu trinken, sondern die schöpferische Pause, in der etwas Erlebtes nachschwingen kann und wo sich erlebte Dinge ohne äußere Ablenkung vertiefen können. Insofern ist der Schlaf auch eine «Pause», in der Tageseindrücke durch Träume verarbeiten werden, die dann zu bestimmten Erkenntnissen führen können. Körperliche und auch seelische Krankheiten, wie zum Beispiel die Depression und die daran anschließende Rekonvaleszenzzeit, sind eine sehr wichtige Bedenkpause im Leben, in der man die Chance bekommt, wieder «wesentlich» zu werden, da man aus dem Verkehr gezogen wird. «Nachdem ich Monate lang nur den Geist berücksichtigt hatte, griff der Körper, der diesen Zustand nicht mehr ertragen konnte, zum äußersten Mittel, um seine Rechte geltend zu machen: ich erkrankte schwer … In ihrer Art war es keine uninteressante Zeit. Es ist ein eigenes Bewusstsein, sich weniger als handelnde Person denn als Schauplatz zu fühlen: als das Gebiet, auf dem Mikroben ihre Schlachten schlagen. Und dann erlebt man zu Zeiten physischer Schwäche psychische Umlagerungen, die mir als Abwechslung nicht unwillkommen sind. Während des Krankseins treten Züge meines Wesens hervor, die gewöhnlich verborgen bleiben; der weibliche Aspekt gewinnt die Oberhand, wodurch die Welt in einem anderen, persönlich-freundlicheren Licht erscheint. Während solcher Zeiten bin ich ohne Willen, ohne Wünsche und gedenke meiner gewohnten, oft so gewaltsam sich äußernden Bestrebungen mit jener leise lächelnden Sympathie, mit der die Frau dem unverständlichen Ehrgeiz des Mannes zusieht.

Nun bin ich Rekonvaleszent, also ein Genesender – und diesen Zustand genieße ich immer intensiv. Sonst spüre ich meinen Körper als ein Fremdes, dem Geist als unveräußerbare Materie Gegebenes, ohne inneren Zusammenhang mit mir selbst. Jetzt verhält sich der Geist ganz passiv, während die regenerierenden physischen Kräfte desto emsiger walten; und das im Körper zentrierte Bewusstsein hat das beglückende Gefühl andauernder Produktivität … Ja, es tut wohl, einmal rein körperlich zu existieren, nichts zu tun, sondern mit sich geschehen zu lassen.«[47]

Auch bewusst gestaltete Pausen in Beziehungskrisen können sehr wertvoll sein, da sich aus dem Abstand heraus Dinge neu ordnen können. Letztlich ist jeder Rhythmus auf eine Pause angewiesen, die als eine Art Umschlagspunkt für eine neue Bewegung zu verstehen ist, wie wir dies ja bei der Atmung und dem Herzschlag studieren können. Denken wir auch nur an die bewusst herbeigeführte Pause bei der Yogaatmung, die einen besonderen Stellenwert hat. Wenn nämlich etwas zur Ruhe kommt, kann von außen etwas anderes eingreifen, was u.a. unser alltägliches Bewusstsein verändern kann.

Da dieses Seelentätigkeit eine so große Ähnlichkeit mit unseren Stoffwechsel-Verdauungsprozessen hat (wir «verdauen» nämlich seelisch im Gehirn und physisch in den Gedärmen), lässt sich dies am Beispiel der Zuckeraufnahme noch konkreter verdeutlichen: Ohne große Anstrengung geht der chemisch gewonnene Zucker sofort in unser Blut, wird aber ebenso schnell verbraucht und erfordert daher in kürzester Zeit weiteren Nachschub, was im schlimmsten Fall sogar zu einer Zuckersucht führt. Nicht so der Zucker, den der Körper aus der aufgenommen Stärke (zum Beispiel bei einer Getreideernährung) selbst herstellen muss und der uns ein lang anhaltendes Sättigungsgefühl beschert.

Ohne Übertreibung kann gesagt werden, dass uns heute die (un-)geistigen «Fertigmenüs» der Medien in

Massen überschwemmen, uns die Informationen wie wild gewordene Wespen jagen, sodass sogar schon heutige Journalisten diese Entwicklung beklagen: «Dabei geht es (bei den Reportagen) nicht nur um Wahrheit oder Unwahrheit, es geht auch um das Vergessen und um die Schnelllebigkeit von Informationen. In der modernen Medienwelt beobachten wir zunehmend das Phänomen der Informationsblase, die ebenso schnell platzt wie manche Spekulationsblase. Ja, wir scheinen in einem regelrechten Zeitalter der Blasen zu leben, die hier wie dort aus heißer Luft bestehen können: War gestern etwas noch ein Riesenthema, ist es heute mausetot. Die Zeit rast immer schneller – Menschen machen diese Erfahrung in ihrem subjektiven Erleben, vor allem, wenn sie älter werden ... Als besonders schnelllebig erweisen sich aber Medienereignisse und -erlebnisse. Hier findet eine ständige Beschleunigung statt ...

Weiter zugenommen hat diese Beschleunigung mit dem Internet. In Sekundenschnelle rasen hier Nachrichten, Websites und E-Mails an einem vorbei. Und es ist klar, dass diese Beschleunigung mit einer zunehmenden Verflachung einhergeht. Je mehr Nachrichten beispielsweise der Einzelne erhält, desto weniger bekommt er überhaupt noch mit, und das gilt für den Zeitungsredakteur genauso wie für seinen Leser ... Zeit haben immer weniger Leute: immer weniger Journalisten und immer weniger Medienkonsumenten. Und so können immer größere Ungeheuerlichkeiten passieren, ohne dass sich noch irgendjemand groß darum kümmert.»[48]

Wie aber soll ohne «Informationspause» der Inhalt überhaupt noch aufgenommen werden? Dies hieße auch, dass in uns eine Bereitschaft existieren müsste, nicht nur passiv zu konsumieren, sondern aktiv zu kreieren. Aber wollen wir denn überhaupt noch die Zeit «opfern», um Einzelteile mühsam zusammenzutragen, ihren Hintergrund zu beleuchten und uns mit Geduld in eine Sache reinknien, um sie in ihrer Tiefe auszuloten? Ist vielleicht die rein äußerliche Geschäftigkeit und Hetze nur als eine spezielle Form von «maskierter Langeweile» anzusehen?

Es ist bemerkenswert, dass Rudolf Steiner schon 1924 in einem landwirtschaftlichen Kurs in Ostpreußen auf die Frage nach den Folgen einer zunehmenden Elektrifizierung auf unsere Seelenverfassung auf ähnliche Ergebnisse kam:

«… dass von Amerika herüber Stimmen kommen, welche dahin gehen, dass gesagt wird, die Menschen können nicht in derselben Weise sich weiterentwickeln, in einer Atmosphäre, die nach allen Seiten von elektrischen Strömen und Strahlungen durchzogen ist, sondern das hat einen Einfluss auf die ganze Entwicklung des Menschen. Das Seelenleben wird ein anderes werden, wenn die Dinge so weit getrieben werden, wie man es eigentlich vor hat. Es ist schon ein Unterschied, ob Sie irgendein Gebiet mit Dampfmaschinen, Dampflokomotiven für die Eisenbahn versehen oder ob Sie es elektrifizieren. Der Dampf wirkt hier mehr bewusst, die Elektrizität wirkt furchtbar unbewusst ein, und die Menschen wissen gar nicht, woher gewisse Dinge kommen … Dieses Leben des Menschen, namentlich in der strahlenden Elektrizität, wird bewirken, dass die Menschen nicht mehr kapieren können diese Nachrichten, die sie so schnell kriegen. Es wirkt auslöschend auf das Kapieren.»[49]

Es ist also Teil der modernen Zeitentwicklung, dass wir – u.a. bedingt durch ein Übermaß an Ablenkung – eine Art Denklähmung erleiden, weil kaum noch Zeit vorhanden scheint, das Aufgenommene gründlich zu verarbeiten.

Zur Belebung unseres inneren Menschen bedarf es aber wieder neben einer denkerischen Eigenaktivität und gesunder Urteilsbildung eines umfassenden Weltinteresses und einer unsensationellen Neugierde, die aus echtem Erkenntniswillen resultiert und erst einmal lernen muss, die richtigen Fragen zu stellen! Diese kommen nach meiner persönlichen Erfahrung nicht aus einer rein materiellen Denkungsart, sondern resultieren eigentlich erst einmal aus dem Staunen über eine Sache, die einem scheinbar bisher vertraut schien. Eine schnelle Suche nach «Instant»-Antworten urständen noch nicht aus den wahren Fragen, die ich hier meine. Diese haben etwas mit Abwarten und täglichem Bemühen zu tun, wenn sie eine Tiefendimension erhalten sollen.

In diesem Zusammenhang wäre zu fragen, ob durch die gängigen oberflächlichen Scheinantworten in den Medien nicht schon eine «Mechanisierung (bzw. Gleichschaltung) des Geistes» (Rudolf Steiner) eingetreten ist, die vertiefte Fragen gar nicht erst auftauchen lässt oder sie als überflüssig verspottet!

Denken wir nur daran, wie durch eine regelmäßige *Wiederholung* geistiger Inhalte, zum Beispiel in einer Meditation, erst im Laufe vieler Jahre eine gedankliche Tiefe erreicht werden kann – u.a. dadurch, dass die äußeren Sinneseindrücke und das Irrlichtelieren der Gedanken erst einmal zum Schweigen gebracht werden. Wer wirklich den inneren Gehalt zum Beispiel des «Vater unser» erfassen will, braucht regelmäßige Pflege seines inneren Menschen, und im Laufe der Zeit tauchen wie von allein Fragen nach spirituellen Inhalten wie Gnade, Vergebung, dem Wesen des Bösen etc. auf.

Wenn es nur einmal so ganz stille wäre,
Wenn das Zufällige und Ungefähre
verstummte und das nachbarliche Lachen,
wenn das Geräusch, das meine Sinne machen,
mich nicht so sehr verhinderten am Wachen –:

Dann könnte ich in einem tausendfachen
Gedanken bis an deinen Rand dich denken
und dich besitzen (nur ein Lächeln lang),
um dich an alles Leben zu verschenken
wie einen Dank.[50]

Sinnliche Außenwelt und seelische Innenwelt bedingen
einander. Stimmen sie überein, so nennen wir dies Erkennen oder auch Wieder-Erkennen. In Situationen zu
sein, in denen eigene Vorstellungen und äußere Ereignisse
nicht deckungsgleich sind und auch nicht hergestellt
werden können, erregt in uns ein fast krankhaftes Gefühl,
das wir Unverständnis nennen. Erkenntnis wird ja nicht
mit den Sinneseindrücken mitgeliefert, wir müssen sie
an den Eindrücken erst bilden, es sei denn, es handelt
sich um Propaganda oder anderweitige Manipulationen.
Durch diesen aktiven Prozess in uns sind wir die andere
Hälfte der Wirklichkeit, was zu oft vergessen wird!

Die menschliche Seele hat also ein natürliches *Begehren*
nach anregenden Eindrücken (deshalb ist ja auch eine
Isolationshaft so schlimm!) – im Hochgebirge mit den
majestätischen Bergen wird sie sicher eher satt sein und
in Gefühlen schwelgen als in den Häuserschluchten einer
Großstadt. Sie erlebt Unzufriedenheit und damit Langeweile, wenn Eindrücke reduziert werden bzw. kaum
wechseln oder sogar ganz ausbleiben. Es ist psychologisch

eine Tatsache, dass die alten Vorstellungen eine Befruchtung durch neue Eindrücke benötigen, da sie in uns einen unabhängigen Gefühls- und Gedankenkosmos bilden und sogar – je nach Temperament – ein eigenes Zeitmaß besitzen. Deshalb ist das Studium der Temperamente so wertvoll: Was für den Sanguiniker als eine anregende Notwendigkeit gilt, ist für den Phlegmatiker schon eine Überforderung. Goethe hat zwar einmal gesagt: «Dem Phlegma gehört die Welt», wegen der Gründlichkeit und Genauigkeit dieses Temperamentes, doch gibt es ja auch Sanguiniker, die eine andere «Kost» benötigen und die der Dramatiker Cechov in seinen frühen Erzählungen so köstlich karikiert hat:

«Alle Eindrücke wirken auf ihn leicht und schnell, von daher, sagt Hufeland (ein berühmter Arzt der Goethezeit), rührt sein Leichtsinn … In seiner Jugend ist er bébé und Spitzbube. Unverschämt zu den Lehrern, frisiert sich nicht, rasiert sich nicht, trägt Brille und bekritzelt die Wände. Studiert miserabel, schließt das Studium aber ab. Ehrt Vater und Mutter nicht. Wenn er reich ist, kleidet er sich geckenhaft; ist er dagegen arm, lebt er wie ein Schwein. Schläft zwölf Stunden am Tag, geht zu unregelmäßigen Zeiten zu Bett. Schreibt mit Fehlern. Nur für die Liebe hat ihn die Natur erschaffen: ist ausschließlich damit beschäftigt, zu lieben. Ist nie abgeneigt, sich einen anzutrinken; hat er sich am Abend vollaufen lassen, steht er morgens zerknittert und zerzaust auf, mit einer kaum spürbaren Schwere im Kopf ... Heiratet aus Versehen. Liegt ewig im Krieg mit der Schwiegermutter. Mit der Liebsten im Streit. Lügt, dass sich die Balken biegen. Hat eine schreckliche Vorliebe für Skandale und Liebhaberaufführungen. Im Orchester ist er die erste Geige. Ist leichtsinnig, folglich liberal. Liest entweder nie etwas oder liest, wie ein Quartalssäufer trinkt. Liebt die Zeitungen und ist selber nicht abgeneigt, gelegentlich zu journalisieren. Der Briefkasten der humoristischen Blätter ist eine Erfindung ausschließlich für Sanguiniker. Beständig in seiner Unbeständigkeit. Im Dienst ist er Beamter für besondere Aufgaben oder etwas dergleichen. Im Gymnasium unterrichtet er Literatur. Dient sich selten bis zum wirklichen Staatsrat hinauf; hat er sich aber hinaufgedient, wird er zum Phlegmatiker, manchmal zum Choleriker. Bummelanten, Spitzbuben und Säufer sind Sanguiniker. Mit einem Sanguiniker in einem Raum zu schlafen empfiehlt sich nicht: Die ganze Nacht hindurch erzählt er Witze, und in Ermangelung von Witzen zieht er über seine Nächsten her und lästert. Stirbt an Krankheiten der Verdauungsorgane und an vorzeitiger Auszehrung ...»[51]

Je mehr Eindrücke wir aufnehmen, desto größer wird das Verlangen, weitere Eindrücke zu bekommen, etwa wie eine stark gewürzte Speise, die Appetit auf weitere Kost macht. Ähnlich wie ein Mensch, der nur an karge Kost gewöhnt ist, mit Einfachem sich zufrieden gibt, weil er ja die große Vielfalt von Geschmacksnuancen nicht kennt und daher auch nicht dauernd seinen Speiseplan verfeinern und vervielfältigen möchte. Menschen, die im Leben wenig Abwechslung erlebt, d.h. wenig Sinneseindrücke aufgenommen haben, wie man dies noch in manchen entlegenen Dörfer erleben oder in einem ländlichen Gebiet an einem Schäfer mit seiner Schafherde beobachten kann, werden eher eine innere Selbstzufriedenheit und Ruhe ausstrahlen und Langeweile nicht kennen. Sie sind, wie wir das normal bei Tieren auch erleben können, mehr oder weniger mit den Ereignissen ihrer Umwelt in Übereinstimmung und verspüren dadurch nicht den brennenden Drang nach immer mehr «Futter». Passiert etwas draußen, so ist unmittelbar eine Innenreaktion da – aber es muss nichts passieren, damit die Langeweile vertrieben wird. «In meiner Jugend habe ich Menschen kennengelernt, die wirklich noch Zeit hatten. Und zwar die Schäfer in Orsigna oben im toskanischen Apennin, wo wir unsere Ferien verbrachten. Mit einem Grashalm im Mund lagen sie auf einer Wiese am Berghang und beobachteten ihre Herde, ließen die Gedanken schweifen, träumten oder dachten sich Verse aus, die sie zuweilen in die Felsen bei der Quelle ritzten oder sonntags bei einem

Gedichtwettbewerb, im Kreis um eine große Korbflasche Wein herum sitzend, vorsangen.»[52]

Am Tier und seiner Anwesenheit und Aufmerksamkeit kann man lernen, wie es auf vorhandene Eindrücke spontan reagiert: Sind die vorüber, so bleibt nur ein kurzes Echo und ein nächster Eindruck wird wieder frisch aufgenommen. Das bedingt zum Beispiel die herrliche Frische und Spontaneität eines Hundes, der sich bei jedem erneuten Auftauchen des Herrchens x-mal am Tag freuen kann, als ob es das erste Mal ist. Mit dem Verschwinden des Herrchens verschwindet auch das seelische Begehren – man beobachtet höchstens noch ein kurzes Nachbeben. Für ein Tier ist dadurch jeder Augenblick interessant, weil es sich ihm ohne inneres abgekoppeltes Zeitmaß vollständig hingeben kann und deshalb Langeweile nicht kennt – das hat es in psychischer Hinsicht mit einem Kleinkind gemeinsam, das sich auch selbstverloren an den Moment hingibt, bis sein Seelenleben zur Eigenständigkeit heranreift, d.h. eine Eigendynamik entwickelt. Der erwachsene Mensch, der zwischen seiner Innen- und Außenwelt ein individuelles, d.h. von außen abgekoppeltes Zeitmaß besitzt, langweilt sich leicht und verliert sein Interesse an den Eindrücken, die er schon einmal gesehen, oder an Dingen, die er schon erlebt hat, weil seine Vorstellungen nach immer neuen Inhalten, nach weiteren Bereicherungen verlangen. Der Mensch hat also, wie schon betont, eine eigene Zeit, wo Vergangenheit, Gegenwart und auch Zukunft gleichzeitig hineinragen, die sich zum größten Teil von der Außenwelt anregen lassen muss, während beim Tier – und zum Teil auch beim Kleinkind – die momentane Gegenwart das entscheidende Erlebnis darstellt.

Es kommt aber, wie zuvor erwähnt, nicht allein auf die Vielzahl von Eindrücken und Vorstellungen an, sondern auch auf ihren inneren Gehalt. Inhaltsvolle Eindrücke und Gedanken sind für die Seele wie eine sättigende «Vollwertkost», sodass wir leicht auf permanente Ablenkungen verzichten können, ohne etwas zu entbehren. Ja, das Innere wird so befruchtet, dass der «Appetit» auf individuelle «Nahrung» von außen immer gesünder, d.h. auch selektiver, wird und man einen Instinkt dafür ausbildet, Wesentliches vom Unwesentlichen mehr und mehr zu unterscheiden.

Das Ideal wäre somit die Geistesgegenwart, d.h. eine vertiefte, momentane Verbindung des Seelenkerns mit einer Sache! «Und eine inhaltsleere Seele, die trotzdem in der Zeit weiterlebt – denn die Zeit wartet ja nicht –, das heißt, eine sich langweilende Seele ist ein Gift auch in einer gewissen Beziehung für die Leiblichkeit. Viel Langeweile zu haben im Leben ist eine wirkliche Krankheitsursache. Es ist im Grunde genommen gar keine schlechte Empfindung, wenn von einer ‹tötenden› Langeweile gesprochen wird, wenn man auch nicht gleich daran stirbt. Aber es ist Langeweile etwas, was tatsächlich als psychisches Gift wirkt. Und es wirkt weit über den Bereich des Seelenlebens hinaus.»[53]

Durch unser Ich, den «Helden in unserer Mitte» (Rudolf Steiner), sind wir in der Lage, durch innere Gedankenarbeit dem Augenblick ewige Aspekte abzugewinnen, wie Goethe es einmal seinem Sekretär Eckermann gegenüber am 3.11.1823 als ein Ideal formulierte: «Jeder Zustand, ja jeder Augenblick ist von unendlichem Wert, denn er ist der Repräsentant einer ganzen Ewigkeit.»

Vielleicht meinte das auch Tolstoi, wenn er über das gegenwärtige Dasein des Menschen sprach:
«Der wichtigste Moment im Leben ist der Augen-Blick, der wichtigste Mensch der, der uns gerade gegenüber steht, und
die wichtigste Tat ist die, die man aus Liebe zum momentanen Tun unternimmt.»[54]

Was passiert nun, wenn der Mensch sich vornehmen würde, ganz bewusst das in sich zu erzeugen, was man «künstliche Langeweile» nennt, um seinen inneren Menschen zu stärken, damit er nicht nur von rein äußeren Eindrücken abhängig wird? Um dies zu bewerkstelligen, müsste man unter Vermeidung äußerer und innerer Ablenkungen und aller irrlichternden Gedanken sich immer wieder und wieder mit einem Gegenstand beschäftigen, gewissermaßen auf und in ihm «ruhen» lernen. Versucht man dies, so ist eine der ersten Empfindungen, die man spürt, eine gewisse Kühle und Leere im Kopf. Ein Drang entsteht erst einmal, wenigsten aus sich selbst etwas herauszukitzeln, sei es mit den üblichen Stimulanzien wie Kaffee, Tabak, Tee, Süßigkeiten oder Ähnliches.

Es tritt auch in vielen Schulen heute der Überdruss gegen die inhaltslosen, unkünstlerisch-langweiligen Lerninhalte auf. In einer amerikanischen Analyse über den Zustand der Schulen war vor ein paar Jahren als Überschrift zu lesen: «United in boredom» («Vereint in der Langeweile), sodass auch der vermehrte Konsum von Alkohol, Zigaretten und vor allem Cannabis unter diesem Aspekt der Langeweile gesehen werden kann:

«Und wenn die Kinder kein Interesse an der Welt haben, ja, an was sollen sie denn denken? An nichts anderes, als was in ihrem Körper, in ihrem Herzen, ihrem Magen, in ihrer Lunge vor sich geht, wenn in einer langweiligen Weise geredet wird vom Mathematischen, Geschichtlichen und so weiter. Durch die Ablenkung des Interesses an die Welt soll man das einzig und allein verhindern, und darauf kommt ungeheuer viel an …»[55]

Eine wichtige Erfahrung kann bei der Herbeiführung der künstlichen Langeweile gemacht werden: Nach einer Weile taucht aus dem Unterbewusstsein tatsächlich eine

Empfindung wie eine Art Gegenbild auf, das oft der rein intellektuellen Ansicht widerspricht, aber viel weiser und inhaltsvoller zu sein scheint – vergleichbar der Reaktion des Körpers auf eine kalte Dusche, die ja auch als Gegenreaktion einen Wärmeprozess in Gang setzt. Als ein Beispiel seien auftauchende Gegenbilder erwähnt, die nach einer hässlichen Inszenierung entstehen (die man ja zu Hause sofort verdrängen möchte), auf die man aber immer wieder und wieder sein inneres Augenmerk lenken kann. Allmählich erlebt man ästhetische Gedanken und Ideen, welche das Unterbewusste aus der Tiefe aufsteigen lässt und die das vorher Gesehene korrigieren und ins genaue Gegenteil bringen können. Man könnte einmal selbst an sich experimentieren, indem man immer wieder und wieder über den (langweiligen) Satz nachdenkt: «Der Mensch stammt vom Affen ab.» Macht man das lange genug, so regt sich von innen ein Gegenbild: erstens kann das nicht stimmen und zweitens stammt alles Niedere vom Höheren ab: also der Affe vom Menschen – nicht rein biologisch, sondern als ein höheres Geistwesen. Zuerst ist nämlich immer die Idee da, dann kommen die rein physisch unvollkommenen Skizzen, die diversen Exemplare von Pflanzen und Tieren, die sich dann zum Menschenbild steigern. Vielleicht ist dies überhaupt ein Grundprinzip der Welt, dass im Geistigen alles genau umgekehrt ist. Man muss nur diese Art von selbst gemachter

Langeweile aushalten! Eine gute Übung für langweilige Besprechungen oder Konferenzen, heute auch «Meetings» genannt … Hat man den toten Punkt erst einmal überwunden und ist auf diese neue Qualität der eigenen Seele aufmerksam geworden, die in der Lage ist, viel geistgemäßere Gegenbilder zu entwickeln, dann versteht man auch, warum Rudolf Steiner dies sogar als Voraussetzung für geistige Erlebnisse, die ja von innen auftauchen, sieht: «Aber künstlich, durch innere Anstrengung muss man imstande sein, die Langeweile zu erzielen, ohne dass man Migräne oder Bauchweh bekommt, ohne dass der Körper beteiligt ist. Ist der Körper beteiligt, so bekommt man sofort Migräne oder Bauchweh … Gibt man den Menschen Anleitung, selber durch eigene Kraft ganz frei die Langeweile zu erzeugen, und gehen sie durch diese Langeweile, dann kommen sie nach und nach in die geistige Welt hinein, die man aber ergreifen muss, indem schon die allerersten Urteile in der geistigen Welt umgekehrt sind.»[56]

Man könnte auch verkürzt sagen, dass unser Ich als «Held in unserer Mitte» durch innere Anstrengung lernen muss, Automatismen und andere Gewohnheiten umzuschmelzen und dadurch neue Fähigkeiten zu erlernen. Es ist eine der Urerfahrungen, die bedeutende Seelenkenner wie beispielsweise Goethe gemacht haben, wenn sie dichteten:

Denn alle Kraft dringt vorwärts in die Weite,
Zu leben und zu wirken hier und dort;
Dagegen engt und hemmt von jeder Seite
Der Strom der Welt und reißt uns mit sich fort;
In diesem innern Sturm und äußern Streite
Vernimmt der Geist ein schwer verstanden Wort:
Von der Gewalt, die alle Wesen bindet,
Befreit der Mensch sich, der sich überwindet.[57]

Wir sind also, wollen wir unseren inneren Menschen stärken – ja, erst einmal entdecken – auf Erfahrungen der Menschen angewiesen, die uns Mut machen können, wie wir die uns hemmende Schwere, Trägheit (die im Mittelalter als «akedia», als eine der sieben Todsünden galt) und Interesselosigkeit wirkungsvoll in uns selbst bekämpfen können. Dabei darf sich vor körperlichen und seelischen Überwindungen nicht gedrückt werden. «Wenn der Mensch versucht, sich ein warmes, inniges Gefühl anzueignen für das, was ihn zunächst wenig interessiert, für das, was ihm Mühe macht, sich dafür zu interessieren, und namentlich, wenn er sein Interesse vielseitig macht, dann wird er seine Individualität herausarbeiten.»[58]

Werden wir nicht auch organisch stärker, wenn wir nicht nur vorgefertigte Speisen verspeisen, sondern etwas mit organischer Kraft überwinden, d.h. verdauen müssen, was dann in ganz anderer Weise unseren Organismus in Tätigkeit versetzt? Auch ein wichtiges Gegenbild. Was uns Überwindung kostet, also Anstrengung, macht uns nicht schwächer – im Gegenteil!

Warum bekommen wir von den geistigen Kräften, die in uns und in der Welt wirken, eigentlich nichts mit? Der Grund liegt darin, dass wir, wenn wir mit dem uns ewig mitreißenden «Strom der Welt» mitschwimmen, wegen der gleichen Geschwindigkeit äußerer und innerer Ereignisse nichts merken. Wir merken ja auch die Geschwindigkeit nicht, wenn wir im Zug sitzen und ein anderer im gleichen Tempo neben uns fährt, oder wenn wir mit Schallgeschwindigkeit fliegen könnten, so würden wir auch den Schall nicht hören. Damit etwas bemerkbar ist, muss es aus dem Zeitenrhythmus heraustreten bzw. sich gegen ein Äußeres stellen. Nur durch Trennung entstehen wahrnehmbare Unterschiede!

Nehmen wir nun geistige Erkenntnisse auf und versuchen wir sie zu durchdringen oder ruht unser Geist in einer Meditation, so versetzen wir uns in eine andere innere Geschwindigkeit als unser sinnlich-körperliches, von außen gefüttertes Erleben. Dieses Herstellen innerer Ruhe, dieses aus dem von außen diktierten Zeitverlauf bewusste Heraustreten ermöglicht erst die Wahrnehmung eines inneren tätigen Geistes, den wir normalerweise im Alltag förmlich verschlafen.

Wollen wir uns aber einen inneren Zeitbegriff erarbeiten, der zu einem neuen Zeitgefühl führt, so gibt es in dieser Hinsicht eine Erfahrung, die mit dem inneren Reifen von Meinungen und Urteilen im Laufe unserer Biografie zu tun hat. Urteile, wenn sie etwas Wesenhaftes, Ausgereiftes bekommen sollen, müssen im Lauf des Lebens errungen, sogar erkämpft werden – und sich ändern dürfen! Eignet man sich in der Jugendzeit Begriffe und Urteile über Mensch und Welt an, mit denen man meint, alles für ewig beurteilen zu können, so wird man sich kein inneres Zeitgefühl erwerben. Erst dadurch, dass man durch inneres Ringen erfährt, wie das Frühere vom Späteren kontinuierlich überwunden werden muss, kann man eine intensive Empfindung der eigenen inneren Zeit und damit eine wirkliche Reifung bzw. Entwicklung erfahren.

Sinneseindrücke sind also wie Samen, die auf unserem Seelenboden heranwachsen und von weiteren Außeneindrücken «bewässert» werden müssen, damit sie gedeihen und blühen können und uns ermöglichen, aus innerer Aktivität heraus im Leben Erkenntnisfrüchte zu ernten, es sei denn, wir haben seelischen «Junkfood» konsumiert und leiden dadurch an einer inneren Anorexie (Magersucht).

Die durch gewisse Lebensumstände auftretende oder auch künstlich herbeigeführte Langeweile ist eine notwendige Besinnungspause im Leben, um die innere

Stimme in uns wieder zu entdecken, die zu oft in der Hektik des Alltags übertönt wird. «Wenn du nur eine Sekunde lang ein dumpfes Gefühl der Langeweile hast, so verstehe es sofort religiös, d.h. als den Ruf Gottes: Jetzt will *ich* mit dir reden.»[59]

Dieses «dumpfe Gefühl der Langeweile» kann man auch als einen Ruf des inneren seelisch-geistigen Menschen verstehen, um den man sich einmal wieder kümmern müsste. Von diesem inneren Menschen immer wieder durch rein äußere Tätigkeiten abgezogen, kann – wie es Márai so treffend beschreibt – eine mahnende Stimme ertönen, die uns auffordert, wieder die «Erfindung der Langsamkeit» für unser Leben mehr zu berücksichtigen. Dies ist aber, weil uns meist die Beschleunigung von außen aufgedrängt wird, eine individuelle Willens- und Bewusstseinsfrage.

«Gelegentlich meldet sich dieser alarmierende Wunsch, die Besinnung, die mahnende Stimme: ‹Langsam! Lebe langsam!›

Als ob man das Leben wie den Docht und die Flamme zurücknehmen könnte! Ja, man müsste langsam leben. Nicht nur, weil ‹langsam› meist – nicht immer – auch ‹länger› heißt. Man sollte langsam leben, denn ‹langsam› bedeutet auch bewusst, heißt auch direkter und menschlicher leben. Der Mensch reift in neun

Monaten für sein weltliches Dasein heran. Nach den menschlichen Gesetzen hieße das, man müsste auch neunzig Jahre reifen für den Tod, um etwas vom Leben zu verstehen.»[60]

Innerer Monolog
über das Wesentliche
und Unwesentliche

«Die alten Griechen, die auf kleinasiatischen Märkten mit Indern
in Berührung kamen, waren beeindruckt von deren Neigung,
über das Leben nachzudenken, und sagten: ‹Das sind keine
Kaufleute, das sind Philosophen.› Denn in Indien ist ein Weiser,
heute genauso wie vor vielen Jahrhunderten, nicht notwendig ein
Brahmane, der einem Tempel vorsteht, oder ein Pandit, der die
Veden auswendig kennt: Jeder kann ein Weiser sein.»

Tiziano Terzani[61]

Betrachte ich mich manchmal selbst, in aller Ruhe und mit dem nötigen Abstand, auch ohne jede Eitelkeit, so fühle ich mich ab und an wie Peer Gynt in dem gleichnamigen Theaterstück von Hendrik Ibsen, der von Eindruck zu Eindruck, von Sensation zu Sensation, von Land zu Land fährt und dann als Resumée des Ganzen seine Erlebnisse wie Zwiebelschalen um seine Person herum erlebt, die, wenn sie alle entfernt werden, keinen Kern zurücklassen!

Was bleibt denn von dem inneren Wesen übrig, wenn all diese äußeren Erlebnis- und Erfahrungshüllen abgeworfen worden sind? Bin ich vielleicht doch mehr äußere Hülse, als ich je geglaubt hatte? Verpufften denn all meine vielseitigen Erlebnisse über die vielen Jahre ins Nichts, wenn ich eines Tages die Erde verlassen muss? Heinrich von Kleist hat als junger Mann einmal die Frage gestellt, ob es auf der Erde Erkenntnisse gäbe, die auch nach dem Tode noch ihre Gültigkeit besitzen …

Bin ich durch all das, was mir wichtig war, denn wirklich ein anderer, ein Weiserer, ein Besserer geworden, hat meine Lebenszeit mich reifen lassen? Es gibt ein wunderbares Bild aus dem alten Ägypten, wo der Verstorbene vor den Göttern steht und sein Herz wird von ihnen gegen die Weltenordnung Maat aufgewogen. Das Herz! Also das Organ, mit dem man am innigsten verbunden und das in der Auffassung der alten Ägypter ein Erinnerungs- und Schicksalsorgan ist, weil es mit der Fähigkeit des Gewissens und der Intuition zu tun hat. Also nur das, was uns im tiefsten Inneren, in unserem Gemüt erreicht und verändert hat, bleibt von uns als Samen für ein weiteres Dasein übrig! Ja, «auswendig», eigentlich «inwendig lernen» heißt ja nicht umsonst im Englischen «to learn by heart» und im Französischen «apprendre par cœur». Auf Nachfrage bei einem Chinesen und einem japanischen Studenten wurde mir mitgeteilt, dass in beiden Sprachen «denken» das Symbol des Herzens beinhaltet!

Wie aber kommt man an das Wesentliche und Wichtigste im Dasein und bei und in sich selbst heran? Was ist einem selbst wichtig und nicht etwa den anderen? Ganz schlicht gesagt verbirgt sich das eigentliche Wesen eines Menschen oder einer Sache doch erst einmal und liegt nicht so ohne Weiteres auf der Hand. Man muss es erst entdecken und hervorzaubern lernen, aber man muss auch davon überzeugt sein, dass es schon vorher existiert.

Mir hilft da immer wieder eine Art «Gedankenspiel»: Stelle dir mal ganz konkret vor, du lebtest nur noch ein paar Tage, was würdest du denn noch tun bzw. lassen? Alle Wichtigtuerei und Überbewertung deiner eigenen Person würden erst einmal dahinschmelzen. Musst du denn alle diese Vortragsangebote und kulturellen Ereignisse annehmen bzw. besuchen? Ist das vielleicht der eigentliche Grund, dass du vor dir weglaufen und somit immer damit hausieren gehen kannst, wirklich keine Zeit zu haben? Denn wenig Zeit zu haben heißt ja gewöhnlich, «bedeutsamer» zu sein als die anderen … Du wolltest doch eine Vertiefung im Leben und vor allem einmal Ruhe.

Beim Durchblättern einiger Bücher stieß ich auf merkwürdige Weise – ein Zufall? – auf eine Bemerkung von Rudolf Steiner, die mich betroffen gemacht hat: «Die Leute wissen es nicht und wollen es im Grunde auch gar nicht gern hören, aber es ist so: Wenn ein Mensch still in seinem Kämmerlein sitzt und mit dem wirklichen inneren Ernst, mit ganzer Hingabe seines Herzens zum Beispiel das Johannes-Evangelium oder etwas Anthroposophisches liest und es ganz durchlebt, so tut er damit mehr für das Heil der Welt und der Menschen als manche, die sich mit anthroposophischer Gschaftelhuberei vor sich und anderen wichtig machen.»[62] Meine Güte, das hat mich aber getroffen! Er könnte tatsächlich auch mich gemeint haben!

Habe ich mir zum Beispiel meine eigenen Gedanken gemacht und erlebe irgendeine freudige Situation, so ist es doch immer «nur» meine Freude, die in der Regel auch nur für mich eine große Bedeutung hat. Aber beeinflusst dies denn auch das allgemeine Weltendasein? Oder ist es ein Unterschied, ob ich Weltgedanken, die weit über mein Persönliches hinausgehen, wie das Johannes-Evangelium, in mich aufnehme und die eine andere spirituelle Strahlkraft haben als meine persönlichsten Seelenregungen? Diese Frage sollte einmal in allem Ernst gestellt werden – oder?!

Ich bin wirklich in mich gegangen und habe mich geprüft: Wesentliches vom Unwesentlichen zu unterscheiden, das ist nicht auf Anhieb möglich. Es erfordert ein tägliches Überdenken dessen, was man nicht nur tagsüber, sondern überhaupt im Leben erlebt hat. Und es erfordert die permanente Prüfung der Ereignisse an den eigenen Idealen – denn dies sind ja Ideen mit Willensnatur –, die, wie zuvor schon erwähnt, einem inneren Reife- und damit Zeitprozess unterliegen.

Um all dies zu tun, muss man aber lernen, sich wie ein Fremder von außen anzuschauen. Im Tages- bzw. Lebensrückblick sieht man sich dann wie eine fremde Person, die sich über unbedeutende Kleinigkeiten aufgeregt und nutzlose Zeit vergeudet hat. Ja, man muss tatsächlich lernen, auch über sich lachen oder sogar sich vor sich selbst schämen zu können. Wenn man dann vielleicht immer noch nicht bereit ist, Ewiges vom Vergänglichen unterscheiden zu wollen, bekommt man vielleicht «Schützenhilfe» von außerhalb: ein Anruf, dass ein guter Freund im Ausland an einem Sekundenherztod gestorben ist … Könnte mir in meinem Alter doch ebenso gehen! Was hinterlasse ich denn, und vor allem, was will ich noch alles tun, was habe ich mir noch alles vorgenommen? Plötzlich kommt die Eingebung: Das Wesentliche muss das Wahre sein, das dich überdauert.

Das Wahre ist es, das ohne deine Sympathien, Antipathien und Lieblingsvorstellungen in Übereinstimmung mit den geistigen Weltgesetzen ist, das ist das eigentlich Wesentliche, das immer wieder in den äußeren Dingen im Verborgenen mitspielt und das von dir im Laufe deines Lebens erkannt werden muss. Es gibt, zugegeben, die kleinen «Wesentlichkeiten» des Tages, die wir aufgrund unseres Erdendasein auch ganz individuell erfüllen müssen. Aber von einer höheren Warte aus gesehen sind die Erdensorgen eher sehr klein. Erfasse ich aber ein Wesen von innen heraus, wie es im Augenblick oder auch dauerhaft mit mir verbunden ist, so müsste ich doch eigentlich «wesentlich» handeln. Ich würde dies zunächst einmal das «Erfassen der Idee in der Wirklichkeit» nennen, die mit dem Zerfall des Äußeren nicht aufhört zu sein. In einer Menschenbegegnung, wenn der günstige Augenblick (kairos) da ist, kann man manchmal diesen Hauch der Ewigkeit spüren. Meist ist dieses Erlebnis mit dem Gefühl verbunden: Die Zeit steht still. Es gehört dazu eine gewisse Geistesgegenwart, wie uns eine Episode aus alter Zeit lehrt: «In Indien erzählt man sich die Geschichte von dem

Mann, der, von einem Tiger gehetzt, in den Abgrund stürzt. Während er fällt, bekommt der Pechvogel einen Strauch zu fassen, aber auch der beginnt schon nachzugeben. So hängt er da, und es gibt kein Entkommen: über ihm der fauchende Tiger, unter ihm der Abgrund. Und genau in diesem Moment erblickt er ganz nahe, mit Händen zu greifen, zwischen den Steinen der Felswand eine wunderschöne, leuchtend rote frische Erdbeere. Er pflückt sie und – noch nie schmeckte ihm eine Erdbeere so süß wie diese letzte seines Lebens.»[63]

Also, von der genannten höheren Warte, auf die ich jeden Abend versuche zu steigen – ich nenne sie meinen «Gewissenshochsitz» – taucht in mir regelmäßig meine Seele wie eine Art Buchhandlung auf: auf dem Tisch die Tageszeitungen, die abends im Mülleimer landen und morgen schon von den anderen Tagesereignissen überholt worden sind, und dann in gewissen Regalen die Hunderte von Jahren überdauernden Werke von Platon, Marc Aurel, Dante, Montaigne, Pascal, Shakespeare etc. Wie schlagen wir uns doch immer noch mit diesen ungelösten Fragen vom Sinn des Lebens, Moral und Intellekt, Gut und Böse, Mann und Frau oder Unsterblichkeit herum. Vielleicht kann man ja dadurch auch lernen, hinter den flüchtigen Tagesereignissen unvergängliche Ideen zu finden, hinter den politischen Symptomen das, was sie in Wirklichkeit hervorbringt. Geht es nicht letztlich immer wieder um die ewigen Kräfte von Liebe, Hass, Freiheit, Unfreiheit, ja, dem Bösen in der Welt? Ich habe mich oft beim Studieren der Biografien der politischen «Bösewichter» des 20. Jahrhunderts gefragt: War das nur eine persönliche Angelegenheit eines Volkes oder war dies (auch) eine Angelegenheit der gesamten Menschheit?

Erst einmal ist festzuhalten, dass die Welt der Erscheinungen flüchtig ist. Was ist zum Beispiel das Wesen des Glücks, wenn wir es rein äußerlich und kurzfristig betrachten? Dazu eine chinesische Episode: «Ein alter Mann lebte mit seinem Sohn auf einem verlassenen Fort auf der Höhe eines Berges, und eines Tages begab es sich, dass er eines von seinen Pferden verlor. Da kamen die Nachbarn, um ihm zu diesem Ungemach ihr Beileid zu bezeigen, aber der Alte fragte sie: ‹Woher wisst ihr denn, dass es ein Unglück ist?›

Einige Tage darauf kam das Pferd nach Hause und brachte ein ganzes Rudel wilder Pferde mit, und die Nachbarn erschienen wiederum und wollten ihm zu solchem Glücksfall ihre Glückwünsche darbringen, der Alte aber versetzte: ‹Woher wisst ihr denn, dass es ein Glücksfall ist?› Seit so viele Pferde zur Verfügung standen, begann der Sohn des Alten eine Neigung zum Reiten zu fassen, und eines Tages brach er das Bein. Da erschienen die Nachbarn wieder und drückten ihr Beileid aus, und der Alte sprach zu ihnen: ‹Woher wisst ihr dann, dass es ein Unglück ist?› Im Jahre darauf gab es Krieg, aber der Sohn des Alten brauchte mit seinem Körperschaden nicht ins Feld zu ziehen.»[64]

Kurzfristig betrachtet ergibt sich kaum eine Wesenserkenntnis einer Sache. Geduld und Abwarten scheinen unabdingbare Tugenden zu sein, die es zu erwerben gilt. Es bedarf demnach einer gewissen intuitiven Fähigkeit, in den Dingen das Unsichtbare und das ewige Gesetz zu erspüren und vor allem die Fragen nicht zu schnell aus den Augen zu verlieren. Manchmal, von der höheren Warte aus, bekommt man eine Ahnung, wie sich hinter vielen Dingen des Alltags zum Beispiel das Wesen «Schicksal» mit seinem Kompositionsgeheimnis verbirgt. Nach den Gesetzen muss man also fragen, diese Fragen wie Hunger und Durst verspüren und dann zu schätzen wissen, dass es eine Geisteswissenschaft gibt, die sich gerade mit solchen Fragen auseinandersetzt. Der von mir sehr geschätzte ungarische Schriftsteller Sándor Márai hat so ein «Wunder des Tages» sogar hinter den täglichen «Katastrophen» entdeckt:

Das Meisterwerk
«Ein Tag, der sich nicht von gewöhnlichen anderen Tagen unterscheidet, er birgt keine großen Tragödien, und dennoch, in jedem Augenblick ist er ausgefüllt mit kleinen, harmlosen Pannen: Nichts ist an seinem

Platz, nichts trifft rechtzeitig ein, nichts ist in Über-einstimmung mit der Ordnung der Welt, Gegenstän-de verstecken sich willkürlich, tauchen feixend wieder auf, und die Menschen, als ob sie sich alle gegen dich verschworen hätten; das Zahnrad der Zeit verbindet die Ereignisse nicht sinnvoll, alles ist Malheur und Intrige, Ungeschicklichkeit und Verlust, kleines Missgeschick und himmelschreiender Ärger. Dies sind die Tage, an denen Goethe das Bett nicht gern verlassen hat. Du regst dich auf, suchst an solchen Tagen fluchend dein Recht, haderst mit dem verrückt spielenden Schicksal. Doch dann begreifst du, dass auch dieser Tag ein Meisterwerk ist: Jeder Augenblick dieses Tages ist so vollkommen verkehrt und verfahren, es gelingt so fabelhaft über-haupt nichts, Sternzeichen und Gespenster, Menschen und Gegenstände, Zufälle und Pläne überfallen dich so perfekt, dein Leben, deinen Frieden, deine Pläne und deine Ruhe, das ganze Verhängnis funktioniert so makel-los, dass du schließlich atemlos denkst: ‹Ja, das Leben ist ein Meisterwerk.› Du schnaufst und bestaunst auch dieses Wunder.»[65]

Der Mensch ist schon ein merkwürdiges Wesen … Erst wenn er das Wesentliche in sich erkannt hat, findet er es in der Welt wieder. Wichtig ist, dass die Seele an ihre Entwicklungsfähigkeit glaubt. Unser Schicksal liegt nicht nur hinter uns, sondern auch vor uns: Das macht unsere Entwicklung nämlich aus.

Ich erinnere mich an eine Situation, wo ich einen mir früher sehr nahestehenden Menschen, der sich äußerlich zwar sehr geändert hatte, aber innerlich irgendwie stehen geblieben war, zufällig nach vielen Jahren wiedertraf. Alte, längst verschüttete Gefühle kamen wieder in mir hoch, aber ich merkte doch, dass ich mich in meinem Wesen im Laufe der vielen Jahre in gewisser Hinsicht sehr verändert hatte und eigentlich nicht mehr an die alten, abgelebten Erlebnisse anzuknüpfen bereit war, obwohl ein stark sentimentales Gefühl mich dazu verführen wollte. Sollte ich mit meinem inzwischen ganz veränderten Bewusstsein tatsächlich dahin wieder zurück, was mir nicht mehr als wesentlich erschien? Das eigentliche Schicksal zwischen uns war ja beendet und ich fürchtete insgeheim, wieder in einen emotionalen Bereich gezogen zu werden, in den ich nicht mehr hingehörte, es sei denn, ich würde mein innerstes Wesen verleugnen. In diesem inneren Kampf bzw. Gewissenskonflikt eine für mich entsprechende Antwort zu finden, kam mir einer meiner Lieblingsautoren zu Hilfe, auf dessen Bemerkung ich wie zufällig stieß und die mir half, das Problem ohne schlechtes Gewissen und entschlossen anzugehen:

Diät

«Man darf nicht zurückgehen in die alten Räume, gleichgültig, ob wir dort glücklich oder unglücklich waren. Man darf die Menschen von früher, die wir vor zehn oder zwanzig Jahren, an irgendeinem Punkt unserer Entwicklung, verlassen haben, nicht wiedersehen. Antworte auf Briefe von alten Freunden höflich, doch vereinbare kein Treffen mit ihnen, und noch weniger solltest du alte Freundinnen wiedersehen.

Man darf nicht zu Begräbnissen gehen. Du solltest dich nicht auf die Turbulenzen fremder Leben einlassen, die dich schließlich nichts angehen. Man darf nicht zurückschauen.

Alles das soll nicht Untreue oder Gefühllosigkeit den Menschen gegenüber sein. Es ist lediglich eine Diät, nichts sonst. Auch die Seele verträgt verdorbene, abgestandene Nahrung schlecht; gib ihr Vitamine, lebendige, neue Geschmacksimpulse. Liebe die Menschen, aber ihren obskuren Geschichten begegne mit Disziplin und Zurückhaltung. Bedauere sie, doch denke daran, dass du deine Tränen dereinst über das Schicksal der Deinen vergießen sollst. Bleib solidarisch mit der Welt, wisse aber, dass du ihre Gesetze nicht verändern kannst – *die Welt ist hoffnungslos* –, und mische dich nicht in den Trauerchor der Aufgeregten und der Wehklagenden ein. Verordne nicht nur deinem Körper, sondern auch deiner Seele

Diät; nicht um länger zu leben; Leben lässt sich nicht mit zeitlichen Maßstäben messen. Halte Diät, damit du mehr und wahrhaftiger leben kannst. Bewahre dir die Würze des Lebens; und iss nicht zu viel von den gewürzten Speisen.»[66]

Zum Gesunden der Seele

«Dann erst, wenn der innere subjektive Zustand der objektiven
   Tatsache entspricht, dann ist der Zeitpunkt gekommen, dass
   die äußere Tatsache gesundend wirkt. Wir müssen den äußeren
   Tatsachen gewachsen sein. Das drückt sich aber aus in dem
   Wort ‹Behagen›, das wir nicht trivial gebrauchen dürfen, sondern
   in seiner ehrwürdigen Bedeutung als harmonisches Zusammen-
   stimmen unserer inneren Kräfte. Glück und Freude und Lust und
   Befriedigung, die die Grundlagen für ein gesundes Leben sind,
   entspringen immer demselben Grunde, dem Gefühl eines inneren
   Lebens, das die Begleiterscheinung von Produktivität, von innere
   Tätigkeit ist. Glücklich ist der Mensch, wenn er tätig sein kann.»

Rudolf Steiner[67]

Die verlorene oder ungelebte Zeit unseres Lebens ist zwar nicht nachzuholen, doch wir können uns vornehmen, jederzeit unser Dasein dadurch zu erhöhen, dass wir gegenwärtiger und somit intensiver, d.h. bewusster, unser Leben gestalten lernen. Man könnte dies auch als «geistesgegenwärtig» bezeichnen.

Große Lebenskonzepte sind nach meiner Erfahrung zwar immer sehr verführerisch, lähmen aber oft den Willen zur kontinuierlich-täglichen Ausführung, da sie im Alltag meist zu zeitraubend und dadurch auf die Dauer undurchführbar sind. Ich plädiere deshalb für eine Lebenshaltung der sogenannten «kleinen Schritte», die zwar äußerlich unbedeutend aussehen, aber bei konsequenter Anwendung im Lauf der Zeit zu bedeutenden Resultaten führen können.

Auf die Frage: Es gibt ja so viel an Übungsmaterial, wo soll man denn da überhaupt anfangen?, wäre zu antworten: Man muss sich einmal in die Lage dessen versetzen, der ein Instrument erlernen oder sein Spiel verbessern will. Würde der denn sagen: Es gibt doch so viele Instrumente, mit welchem soll ich denn da anfangen? Zu fragen ist vielmehr: Wohin gehen meine Neigungen und auch Schwächen, habe ich zu einem bestimmten Instrument eine innere Beziehung, bin ich bereit, um Fortschritte zu machen, auch täglich zu üben, und was ist das Ziel, das ich mir selbst setze? Denn man übt ja nicht einfach ins Blaue hinein. Und hat man zum Beispiel bei sich eine gewisse Unvollkommenheit entdeckt, so kann man sie nur durch wiederholtes Üben aus innerer Freiheit heraus verbessern. Dies ist eigentlich der erste Schritt, der einen motivieren kann, mit einer bestimmten Übung anzufangen. Vorher sind all die vielen Ratschläge zwar gut gemeint, bleiben aber meist im Kopf stecken und führen somit zu keiner Willenshandlung. Denn den Willen bessert und ändert man nur durch ständiges Wiederholen – und das fällt zugegebenermaßen uns Heutigen nicht leicht!

So ist es zum Beispiel für ein bewussteres Umgehen mit der Zeit sinnvoll, neben der abendlichen Tagesrückschau auch einmal morgens vor dem Aufstehen eine Tagesvorschau zu machen, um den Tagesverlauf besser strukturieren zu lernen und somit aus dem Automatismus des Lebens herauszukommen.

In diesem Zusammenhang lohnt es sich auch einmal, die altbewährten überlieferten Gesundheitskategorien und ihre seelen-diätetischen Ratschläge für unser modernes Leben zu prüfen, die uns helfen können, unser Leben rhythmischer und somit auch gesünder und zeitlich strukturierter, zu gestalten. Aus der arabisch-mittelalterlichen Medizin und ihren Gesundheitsregeln («regimen sanitatis») sind uns solche Kategorien als die sechs nicht von Natur aus gegebenen Dinge, die «sex res non naturales», überliefert – das individuelle Verhalten zu:

- Licht und Luft
- Wachen und Schlafen
- Ruhe und Bewegung
- Essen und Trinken
- Ausscheiden und Einscheiden
- Gemütsbewegungen, wie sie sich u.a. in Sympathie, Antipathie, Lust, Trauer, Freude, Ekel, Angst etc. äußern.

In allen Hochkulturen hat man den Menschen ja diätetisch-prophylaktische Ratschläge gegeben, um die noch Gesunden gesund zu erhalten und ihnen somit eine vom Arzt unabhängige Autonomie zu verschaffen. Heute wird dies die Lehre von der Entstehung der Gesundheit (Salutogenese) genannt!

Beim genaueren Durchdenken dieser zuvor angeführten Grundkategorien merkt man erst einmal, wie wenig man doch über die alltäglichsten Dinge wirklich weiß, weil sie offensichtlich zu natürlich und damit zu wenig spektakulär sind.

Nehmen wir ein paar Beispiele:

Was wissen wir denn wirklich über die wundersamen Heilkräfte des Lichts, das u.a. Depressionen, Rachitis, Tuberkulose, erhöhten Gallenfarbstoff im Blut bei Neugeborenen etc. zu heilen vermag und heute sogar als Lichtstoffwechsel in den Zellen messbar ist? Was wissen wir von der Luft, die wir täglich wie selbstverständlich

einatmen und die unsere ganze physische Existenz erhält? Was passiert denn in unserer Seele, wenn uns «ein
Licht aufgeht» oder uns die Luft in extremen Situationen
einfach «wegbleibt»?

Für unser Thema sind natürlich die folgenden
Kategorien, was den Umgang mit «Zeit» angeht, wesentlich bedeutsamer. Wie ist unser individuelles Verhältnis
zu Wachen und Schlafen, d.h. zu Bewusstheit und Un-
bewusstheit in Zeiten massiver Schlafprobleme? Wir alle
kennen sicher Phasen zeitweiliger Schlaflosigkeit. Aber
ist uns auch die «Wachlosigkeit» geläufig? Das fast auto-
matenhaft «Durch-den-Tag-geschoben-Werden», das uns
abends einen üblen Beigeschmack des «Nicht-richtig-
aktiv-gelebt-Habens» empfinden lässt? Aber wir kennen
zum Glück ja auch das Gegenteil, wenn wir aus uns
heraus in Übereinstimmung mit den Tagesanforderungen
moralisch gehandelt haben und uns der Schlaf durch ein
gutes Gewissen ein gutes Ruhekissen bereitet.

Bestimmt nicht das, was wir in der Nacht zum Teil
unbewusst erleben – mehr als wir ahnen – unseren Tages-
ablauf und natürlich auch umgekehrt? Eine neue Wach-
und Schlafhygiene wäre somit vonnöten, um die Zeit des
Schlafens, aber auch die des Wachens, zu optimieren. Wir
erfahren, dass erholsamer Schlaf nicht nur ein quantita-
tives, sondern ein höchst qualitatives Geschehen ist. Sind
wir gut gestimmt, so reichen oft wenige Stunden Schlaf

aus, um uns zu erholen, während bei Kummer nach zwölf Stunden Schlaf sich keine richtige Erfrischung einstellen will.

Wie könnte man die Schlafenszeit, in der wir ja nicht in unserem Körper bzw. in unserem Bewusstsein stecken, besser ausnutzen? Es sind die schon am Tage vorweggenommenen aufbauenden spirituell-religiösen Empfindungen und Gedanken, die wir aus innerer Aktivität bedenken und uns erarbeiten können, die wir dann in die Nacht mitnehmen und die uns den Schlaf verkürzen und intensivieren helfen! Wir merken dann unmittelbar, wie uns am folgenden Tag unsere Lebens- und Aufmerksamkeitskräfte viel substanzieller zur Verfügung stehen.

Trägheit und Fettsucht sind die Gegenpole zu Schlaflosigkeit und Hyperaktivität. Auch beim passiven Bewegtwerden wie im Zug oder im Auto kann man aber wenigstens eine innere Beweglichkeit entwickeln, um der Passivität etwas aktiv von innen entgegenzusetzen.

Das Ich des Menschen – und das ist ein Grundgesetz unseres Daseins – tritt nur durch Aktivität in Erscheinung. Wie viele wirklichen «Iche» gibt es wohl demnach auf unserer Erde?

Neben äußerer und innerer Bewegung gehören Essen und Trinken, zwei der wichtigsten Grundkategorien unserer leiblichen Existenz, zur Menschheitskultur. Auch hier wandelt sich das Bewusstsein von «Fastfood» immer mehr zu «Slowfood».

An den Ernährungsgewohnheiten kann man die kleinen Schritte zur «Entschleunigung» praktisch ausprobieren. Früher haben sich die Menschen vor dem Essen die Hände gereicht und somit einen Kreis um den Tisch gebildet, damit keine Außeneinflüsse die Ruhe bei der Mahlzeit stören sollten und alle Irritationen ferngehalten wurden. Bewusstes Kauen, Konzentration auf das Essen und humorvolles Verhalten waren selbstverständlich, um die Verdauungstätigkeit des Stoffwechsels gesund anzuregen. Denn der Essensgenuss ist auch ein «Ja» zu unserer irdischen Existenz und sollte sich nicht geistabwesend vollziehen. Rhythmisch genossene Mahlzeiten harmonisieren all unsere inneren leiblichen Bewegungsabläufe und bessern über die harmonisierende Milztätigkeit auch unsere Nahrungsinstinkte. Was will man mehr?

Einscheiden und Ausscheiden sind nicht nur rein physische Kategorien. Da ist heute im Zeitalter der Medien die allergrößte Hygiene, ja sogar eine gewisse Askese nötig, um aus den Klang- und Bildergefängnissen, die uns umgeben, herauszufinden. Daher sind bewusste Überlegungen dazu wichtig. Denn wo und wann lässt man zum Beispiel alles ungefiltert in sich hinein, was ja, auch wenn es vergessen wird, doch Teil unseres Gemüts wird, und wo schafft man sich im Alltag Freiräume, um an die inneren Produktionskräfte der Seele wieder anzuschließen, wie es beispielsweise beim Tagebuchschreiben, Zeichnen und Malen oder Musizieren gelingt? Heute würde man dies im modernen Sprachgebrauch «input» und «output» nennen. Auch hier kann uns eine geisteswissenschaftliche Psychologie wichtige Ratschläge vermitteln:

«Der Mensch muss von innen heraus produktive Kraft entwickeln. Alles ist gesundend, was den Menschen veranlasst, sich zum Mittelpunkt von schaffender, von produktiver Kraft zu machen. Er soll von innen heraus schaffen, sonst verödet seine produktive Kraft, und seine ganze Wesenheit wird durch die äußeren Eindrücke zusammengepresst. Allen Eindrücken von außen muss die Gegenkraft von innen entgegentreten. Das muss aber auch durch das Umgekehrte sich ergänzen: Der Mensch muss eine Tätigkeit entfalten, die sich gegen das Äußere abschließt, nach außen hin unsichtbar wird.»[68]

Mangelnde innere Produktivität und Autonomie sind oft die Gründe für seelische Schwächen, weil sie den negativen Weltereignissen nichts von innen entgegenzustellen vermögen. Wir brauchen also wieder lebensnahe und geistgemäße Weltbilder, an denen wir uns innerlich empor arbeiten können.

Schließlich sind da noch die letzten der Gesundheitskategorien: die Gemütsbewegungen. Im Gemüt («-müt» hängt mit «muot», d.h. Mut oder Wille zusammen) treffen sich Gedanken und Gefühle, die dann zu individuellen Willenshandlungen werden können. Je integrativer ein Mensch handelt, d.h. in Übereinstimmung mit seinen Gedanken und Gefühlen, desto gemütsstärker bezeichnen wir ihn. Unser alltägliches Denken ist aber unlebendig und abstrakt geworden, unser Fühlen neigt zur Sentimentalität und im Wollen sind wir oft – wenn es sich nicht gerade um unser Eigenes handelt – ziemlich unterentwickelt. An großen, den Menschen überragenden Weltbildern und -gedanken kann man wieder lernen, sein Seelenleben zu beleben und zu harmonisieren.

Zwei Dinge, die mir persönlich beim Durchdenken der Zeitproblematik sehr wichtig geworden sind, möchte ich zum Schluss noch kurz streifen: die Achtsamkeit im Leben und das Wartenkönnen. Mit Letzterem kann man sich unmittelbar aus dem Strudel der Zeit retten! Als ich neulich beim Zahnarzt längere Zeit warten musste, voll mit Gedanken über das vorliegende Buch, die ich immer wieder und wieder «durchgekaut» habe, wurde mir die Wartezeit überhaupt nicht lang. Ich griff weder zu den herumliegenden Illustrierten noch wünschte ich mir, schneller dranzukommen. Mir kam plötzlich eine Kuh in den Sinn, die so friedlich und entspannt auf der Wiese liegt, weil sie so viel zu tun hat, nämlich wiederzukäuen. Sollte man nicht vielleicht so ein geistiger «Wiederkäuer» werden?

Könnte es eine immer mehr zu pflegende Tugend sein, etwas als Frage in die Welt zu senden oder auch in seine eigene Seele und dann geduldig die Antwort abzuwarten? Sehen wir nicht auch etwas in der Welt als kostbarer und bedeutungsvoller an, wenn es nicht sofort zur Verfügung steht, sondern wenn wir darauf warten müssen? Stellen wir uns nur ein bekanntes Lokal mit einer hervorragenden Küche vor: Wir warten doch gerne in der Schlange, weil uns etwas Besonderes erwartet. Am leeren Lokal, in dem wir sofort bedient werden, würden wir vielleicht achtlos vorübergehen. Warum sollte dieses Prinzip nicht auch für die Erwartungen im eigenen Leben gelten?

Für die im Leben wesentlichen Dinge braucht es Zeit. Wer diese nicht investiert, kann nach meiner Erfahrung keine wesentlichen Antworten bekommen.

Gedanken über den Sinn des Lebens

«Um leidenschaftlich zu leben, muss man den Tod kennen als etwas Unumgängliches, etwas, das nicht zu vermeiden, nicht wirklich zu verstehen, nicht ganz zu erfassen ist und uns dennoch herausfordert, gerade auf dieser Folie das Leben leidenschaftlich zu leben, dem Leben angesichts des Todes so viel Leben wie möglich abzuringen. Den Tod zu akzeptieren kann man auf vielen Ebenen verstehen: Den Tod zu akzeptieren heißt, Risiko zu akzeptieren, heißt Wandel zu akzeptieren.»

Verena Kast[69]

Ich werde nun erst einmal mit der Negativliste des Lebens beginnen, die wir sicherlich schon einmal in der einen oder anderen Form empfunden haben, bevor es um den Sinn und das Sinnvolle des Daseins als eine zu erstrebende Qualität geht – gehen kann. Es gibt ja jene drei hässlichen «Schwestern», die wir besonders in depressiven Sinnkrisen erleben können:

Die Welt hat keine Bedeutung, das Ich ist wertlos und das Leben ist sinnlos.

Das große Problem ist, dass Sinnfragen prinzipiell nicht von der Naturwissenschaft her lösbar sind, da sie eine metaphysisch-geistige Dimension haben und somit nicht abstrakt und vor allem nicht allgemeingültig beantwortbar sind.

«Es wäre ein schwerer Irrtum, wenn man glauben wollte, dass die Frage nach dem Sinn des Lebens und des Daseins einfach so aufgeworfen werden könnte, dass man sagt: Welches ist der Sinn des Lebens und des Daseins? Und dass irgendjemand dann eine einfache Antwort geben könnte in ein paar Worten, indem er vielleicht sagt: Dieses ist der Sinn des Lebens und des Daseins oder jenes. Auf diese Art würde niemals eine wirkliche Empfindung entstehen können, niemals eine Vorstellung zustande kommen von dem Großartigen, Majestätischen und Gewaltigen, das sich verbirgt hinter dieser Frage nach dem Sinn des Lebens.»[70]

Jeder Mensch muss also für sich selbst erkunden, ob und was für ein Sinn, d.h. vernünftiger Zusammenhang, in seinen einzelnen Lebensereignissen gewirkt hat, ganz in der Auffassung des schon erwähnten Philosophen Kierkegaard, der einmal schrieb: «Das Leben wird vorwärts gelebt und rückwärts verstanden.»

Interpretiert man die Seele nur als ein Instrument von Triebbefriedigung oder rein sentimentalen Gefühlsregungen, so ist es nicht einfach, in sich und auch in den verschiedenen Lebensverläufen etwas Übergeordnetes zu erkennen, besonders wenn es sich um Katastrophen handelt. Unsere Zeit ist ja dadurch charakterisiert, dass sich seelische Inhalte immer mehr aus unserem Tun zurückziehen und die Welt in vielen Bereichen automatisiert wird. So entsteht die Phrase als seelenentleertes Wort, die Konvention als seelenentleerte Begegnung und die Routine als seelenentleerte Handlung – die drei problematischen Schwestern unseres sozialen Miteinanders!

Wenn man rein auf die Endlichkeit des Daseins schaut, so muss man den Nihilisten und Existenzialisten recht geben, wenn sie die Welt als sinnlos interpretieren, da ja alles der Zerstörung bzw. der Endlichkeit unterliegt und widersinnig kleine Kinder sterben müssen, bevor sie angefangen haben zu leben, und manche Verbrecher gesund und reich ihr Erdendasein vollenden. Wo bleibt da der Sinn und vor allem die Gerechtigkeit?

Sinnstiftende Aussagen berühmter Philosophen oder Religionsstifter gibt es zu Genüge, an die der einzelne Mensch sich halten kann und die ihm Trost und Richtung vermitteln. In unserer modernen Zeit ist es aber mehr denn je notwendig, aus individuellem Antrieb und aus Freiheit sinnstiftend sein Leben zu interpretieren, d.h. zu leben. Dabei ist die jeweilige Interpretation von Lebens- und Weltzusammenhängen immer auch Selbstinterpretation!

Neben den ganz individuellen Daseinserklärungen und Handlungen des Einzelnen wäre aber doch zu fragen, ob es möglich ist, über den Sinn des *Menschseins* generelle Aussagen zu machen.

Gerade wenn es sich um Zeit und damit auch um das Verhältnis von Endlichkeit und Ewigkeit handelt, muss der Blick von der Oberfläche in die Tiefe gerichtet werden. Gefragt werden muss: Was ist die Aufgabe des Menschen bzw. der Menschheit ungeachtet der verschiedenen Rassen und Religionen in der Weltentwicklung? Aus einer übergeordneten Antwort könnten sich dann die individuellen Nuancen für jeden Einzelnen ergeben.

Eine alte hebräische Legende kann uns vielleicht einer Antwort näher bringen:

«Als die Elohim darangehen wollten, den Menschen zu schaffen nach ihrem Bilde und Gleichnisse, da fragten die sogenannten Dienst-Engel der Elohim, also gewisse

Geister von niedriger Art, als die Elohim selber sind, den Jahve oder Jehova: Warum sollen die Menschen nach dem Bilde und Gleichnisse des Gottes geschaffen werden? Da versammelte, so geht die Legende weiter, Jahve die Tiere und die Pflanzen, die hervorsprießen konnten, schon zu einer Zeit, bevor noch der Mensch in seiner Erdengestalt vorhanden war, und dann versammelte Jahve oder Jehova auch die Engel, die sogenannten Dienst-Engel, das heißt diejenigen, die unmittelbar den Dienst bei Jahve oder Jehova verrichteten. Er zeigte diesen nun die Tiere und auch die Pflanzen und fragte sie, wie denn diese Pflanzen und diese Tiere heißen, was sie für Namen haben. Die Engel wussten nicht die Namen der Tiere und die Namen der Pflanzen. Da wurde geschaffen der Mensch so, wie er war vor dem Sündenfalle. Und wieder versammelte Jehova oder Jahve die Engel, die Tiere und die Pflanzen und fragte darauf vor den Engeln den Menschen, wie die Tiere, die er der Reihe nach vor dem Blicke des Menschen vorbeigehen ließ, hießen, welche Namen sie hätten, und siehe da, der Mensch konnte antworten: Dieses Tier trägt diesen Namen, jenes Tier jenen, diese Pflanze hat diesen Namen, jene Pflanze hat jenen. Und dann fragte Jehova den Menschen: Welches ist dein eigener Name? Da sagte der Mensch: Ich muss eigentlich Adam heißen. – Adam hängt zusammen mit Adama und heißt: aus Erdenschlamm, Erdenwesen, so ist Adam zu übersetzen. – Und wie soll ich selber heißen?, fragte dann Jehova den Menschen. Du sollst heißen Adonai, du bist der Herr aller auf der Erde geschaffenen Wesen, antwortete der Mensch, und die Engel hatten nun eine Ahnung, welcher Sinn verbunden war mit dem menschlichen Dasein auf Erden.»[71]

Zwei Welten stehen sich demnach gegenüber: die äußere Welt des Erschaffenen und eine innere menschliche Welt, in der Zukunft gebildet werden kann, wenn die richtige Erkenntnis da ist, der «Name» und mit ihm ein Bewusstsein des inneren Wertes einer Sache. Nach der vorliegenden Legende ist somit die Schöpfung noch nicht vollendet, da sich alle geschaffenen Wesen weder selbst interpretieren noch das Dasein und sich selbst verstehen können, sondern auf die erkennende Innentätigkeit der Menschen angewiesen sind. Für diese zunächst gegenüberstehenden dualen Welten bildet das erkennende Bewusstsein (das nicht einfach die schon vorhandene Welt nur abbildet, sondern weiterbilden muss) des Menschen die Brücke, die «Befruchtungskeime» für die Zukunft, damit die Erdenentwicklung weitergehen kann.

Verinnerlichung eines Äußeren durch die schöpferische Erkenntnistätigkeit, das ist eine der wesentlichen Aufgaben der gesamten Menschheit! «Vergöttlichung ist Verinnerlichung. Verinnerlichung ist Vergöttlichung. Das ist das Ziel und der Sinn des Lebens.»[72]

Für das Leben des Menschen in der Vergänglichkeit gibt es aber noch einen zusätzlichen Aspekt dieses Weltenrätsels:

Was passiert mit all den zugrunde gegangenen Lebenskeimen, den Wünschen, Eindrücken, Träumen und Sehnsüchten, die in uns und außerhalb von uns im Lauf der Zeit unvollendet nicht an ihr gewünschtes Ziel gelangt sind? Warum werden Milliarden von Fischeiern gebildet, von denen nur einige ihr Ziel erreichen, Fisch zu werden? Warum werden Milliarden von Tieren, Menschen, Pflanzensamen etc. gebildet, die vorher zugrunde gehen und somit nicht alle ihr Daseinsziel vollenden können? Was ist mit unseren eigenen abgebrochenen Wünschen und Lebensträumen, die wir wegen äußerer Umstände oder eines frühen Todes durch Krankheiten, Unfälle, Naturkatastrophen oder Krieg nicht zu vollziehen in der Lage sind? Was wird aus den vielen Erlebnissen im Lauf des Lebens und den vielen Menschenbegegnungen, aus denen wir nichts gemacht haben? Wozu waren sie da – waren sie etwa überflüssig? Sie bilden eigentlich durch ihr «Opfer», die Substanz, den «Überschuss», den es braucht, um nur rein äußerlich gesehen etwas in der Welt zu vollbringen. Wie viele Menschen haben sich für Ideale und Menschheitsimpulse zum Beispiel in Revolutionen und Kriegen geopfert, damit die kulturell-geistige Entwicklung Weniger weitergehen konnte? Wird uns einmal klar bewusst, dass das, was scheinbar äußerlich verschwunden ist, in seinem inneren Gehalt, seinen eigentlichen Intentionen wieder ergriffen werden kann, um es weiterzuführen, es in den Dienst der gesamten Menschheit zu stellen und somit die Weiterentwicklung der Menschheit zu fördern? Lebt die Menschheit und auch der Einzelne nicht aus dem «Kompost» aller vergangenen Erkenntnisse und Taten, die es in ihrem Wert zu erkennen und weiterzugestalten gilt? Diese Impulse der «Wiedergeburt» in jeder menschlichen Seele geben Hoffnung, dass die Menschheit ihr Erdenziel erreichen kann. Das ist das sogenannte Zeitlose der Zeit!

«Was in der Welt ist, stellt sich eines dem anderen entgegen, wie Polaritäten, die nicht zusammenkommen können, wenn der Mensch hinweggedacht wird. Der Mensch steht mitten dazwischen und gehört dazu. Wenn der Mensch denkt, denkt die Welt in ihm. Er ist der Schauplatz, er bringt nur die Gedanken zusammen. Wenn der Mensch fühlt und will, so ist es ebenso.»[73]

Ich wünsche dir nicht alle möglichen Gaben.
Ich wünsche dir nur, was die meisten nicht haben:
Ich wünsche dir Zeit, dich zu freun und zu lachen,
und wenn du sie nützt, kannst du etwas draus machen.

Ich wünsche dir Zeit für dein Tun und dein Denken,
nicht nur für dich selbst, sondern auch zum
                                        Verschenken.
Ich wünsche dir Zeit – nicht zum Hasten und Rennen,
sondern die Zeit zum Zufriedenseinkönnen.

Ich wünsche dir Zeit – nicht nur so zum Vertreiben.
Ich wünsche, sie möge dir übrig bleiben
als Zeit für das Staunen und Zeit für Vertraun,
anstatt nach der Zeit auf der Uhr nur zu schaun.

Ich wünsche dir Zeit, nach den Sternen zu greifen,
und Zeit, um zu wachsen, das heißt, um zu reifen.
Ich wünsche dir Zeit, neu zu hoffen, zu lieben.
Es hat keinen Sinn, diese Zeit zu verschieben.

Ich wünsche dir Zeit, zu dir selber zu finden,
jeden Tag, jede Stunde als Glück zu empfinden.
Ich wünsche dir Zeit, auch um Schuld zu vergeben.
Ich wünsche dir: Zeit zu haben zum Leben![74]

Statt eines Nachworts

«Es ist nicht notwendig, dass du aus dem Haus gehst.
Bleib bei deinem Tisch und horche. Horche nicht einmal,
warte nur. Warte nicht einmal, sei völlig still und allein.
Anbieten wird sich dir die Welt zur Entlarvung, sie kann
nicht anders, verzückt wird sie sich vor dir winden.»

Franz Kafka[75]

Wir befinden uns als Menschen in einem stetig sich verändernden Zeitenstrom. Wir stehen immer zwischen vergangenen Ereignissen, die unser Jetzt beeinflussen, und den zukünftigen Dingen, die für uns vom Schicksal noch bereitgehalten werden – manchmal erspüren wir sogar intuitiv, dass «etwas auf uns zukommt …»

Ereignisse der Vergangenheit können uns nicht ängstigen, sie sind ja vorbei, obwohl wir ihre Nachwirkungen im Negativen wie Positiven noch lange verspüren können. Was uns meist mit Angst und Sorge erfüllt, das ist das noch Kommende, das uns noch Unbekannte, von dem wir einen für uns günstigen Einfluss erhoffen. Angst ist ein menschliches und sogar menschheitliches Grundphänomen, das – wenn wir nur an die Vertreibung aus dem Paradies denken – zu unserem In-die-Welt-Geworfensein, zu unserer notwendigen freiheitlichen Entwicklung dazugehört. Es hat ja immer mit Trennung zu tun (wenn wir beispielsweise an die Trennungsangst schon in frühester Kindheit denken) und bezieht sich meist auf ein Unbekanntes in und um uns. Furcht ist mehr eine konkrete Regung in unserer Seele: Wir fürchten uns vor Gewitter, anderen Menschen, weiten oder engen Räumen etc.

Angst heißt Enge und Lähmung und beeinflusst nicht das Wesen der äußeren Dinge, sondern macht uns blind für äußere Gegebenheiten und Möglichkeiten, besonders wenn sie – sehr oft grundlos – zur Panik wird.

Nun leben wir im Zeitalter der Angst, die zum Teil künstlich erzeugt wird, um Menschen zu manipulieren und somit das Vertrauen ins Leben zu unterminieren.

Hier setzt das Ergebenheitsgebet von Rudolf Steiner an. Als sogenanntes «Gebet» ist es nicht geeignet, nur einmal gelesen und intellektuell verstanden zu werden. Man muss es durch Wiederholung zur eigenen Seelensubstanz zu machen versuchen. «Ergebenheit» in das eigene Schicksal und das der Welt ist – zugegebenermaßen – nicht unbedingt eine Tugend der modernen Zeit, wo alles machbar zu sein scheint.

Dieses «Gebet» soll dem Menschen Mut geben und ihn darauf aufmerksam machen, dass nicht die ganz normalen Angstgefühle im Alltag verschwinden sollen, die ja da sind, um uns auf Gefahren aufmerksam und dadurch behutsamer zu machen, sondern die künstlich erzeugten, unnatürlichen Angstgefühle, die den Menschen so quälen und ihn damit seelisch schwächen. Wenn sie überwiegen, dann erliegt der Mensch immer mehr Fremdeinflüssen und sein individuelles Ich wird dadurch geschwächt.

Das *Ergebenheitsgebet* von Rudolf Steiner

«Was auch kommt, was mir auch die nächste Stunde, der nächste Tag bringen mag: Ich kann es zunächst, wenn es mir ganz unbekannt ist, durch keine Furcht ändern. Ich erwarte es mit vollkommenster innerer Seelenruhe, mit vollkommener Meeresstille des Gemütes! … Hingabe an das, was man göttliche Weisheit in den Ereignissen nennt; Hervorrufen in sich selber immer wieder den Gedanken, die Empfindungen, den Impuls des Gemütslebens, dass das, was da kommen werde, sein muss, und dass es nach irgendeiner Richtung seine guten Wirkungen haben müsse: das Hervorrufen dieser Stimmung in der Seele und das Ausleben dieser Stimmung in Worten, in Empfindungen, in Ideen, das ist die zweite Art der Gebetsstimmung, die Stimmung des Ergebenheitsgebetes.»[76]

Aus reinem Vertrauen zu leben, ohne Daseinssicherung, aus dem Vertrauen auf die immer gegenwärtige Hilfe der geistigen Welt. Wahrhaftig, anders geht es heute nicht, wenn der Mut nicht sinken soll. Nehmen wir unseren Willen gehörig in Zucht und suchen wir die Erweckung von innen jeden Morgen und jeden Abend.

Anmerkungen

1 Johann Wolfgang von Goethe, *Gedichte. Versepen,* Frankfurt am Main und Leipzig 1993.

2 Tiziano Terzani, *Das Ende ist mein Anfang. Ein Vater, ein Sohn und die große Reise des Lebens*, München 2007.

3 Loretta Napoleoni, *Die Zuhälter der Globalisierung. Über Oligarchen, Hedge Fonds, 'Ndrangheta, Drogenkartelle und andere parasitäre Systeme,* München 2008.

4 Olaf Georg Klein, *Zeit als Lebenskunst,* Berlin 2007.

5 Wolf Lepenies, *Melancholie und Gesellschaft,* Frankfurt am Main 1998.

6 Leo N. Tolstoi, «Wie viel Erde der Mensch braucht», aus: *Volkserzählungen,* Stuttgart 1979.

7 Johann Wolfgang von Goethe, *Gedichte. Versepen,* a.a.O.

8 Friedrich Nietzsche, *Die fröhliche Wissenschaft,* München 1980.

9 Tiziano Terzani, *Noch eine Runde auf dem Karussell. Vom Leben und Sterben*, München 2007.

10 F. Nietzsche, *Menschliches, Allzumenschliches: Die moderne Unruhe,* München 1980.

11 Johann Wolfgang von Goethe, «Brief an den Juristen Nicolovius», aus: Manfred Osten, *«Alles veloziferisch» oder Goethes Entdeckung der Langsamkeit,* Frankfurt a.M. 2003.

12 Blaise Pascal, *Pensées,* Kapitel «Die Zerstreuung», Leipzig o. J.

13 Ebd.

14 Johann Wolfgang von Goethe, *Sprichwörtlich,* a.a.O.

15 Blaise Pascal, a.a.O.

16 Johann Wolfgang von Goethe am 4.1.1824 zu Eckermann.

17 Blaise Pascal, a.a.O.

18 Ebd.

19 Ebd.

20 Aus: Frederik Hetmann, *Reisender mit schwerem Gepäck. Die Lebens-geschichte des Walter Benjamin,* Weinheim/Basel 2004.

21 Rudolf Steiner, *Erfahrungen des Übersinnlichen. Die Wege der Seele zu Christus,* Vortrag vom 17.01.1912, in der Rudolf Steiner Gesamt-ausgabe 143 (im Folgenden GA), Dornach 1994.

22 Gerhard Wisnewski, *Verheimlicht – Vertuscht – Vergessen. Was 2007 nicht in der Zeitung stand,* München 2008.

23 *Konfuzius' Gespräche (Lun-yu),* Kapitel 13. Aus dem Chinesischen übers. und hrsg. von Ralf Moritz, Stuttgart 2003.

24 Tiziano Terzani, *Noch eine Runde auf dem Karussell. Vom Leben und Sterben,* München 2007.

25 Blaise Pascal, a.a.O.

26 Siehe Simon Sebag Montefiore, *Stalin – Am Hof des roten Zaren;* Jung Chang / Jon Halliday, *Mao. Das Leben eines Mannes. Das Schicksal eines Volkes,* München 2007; Dr. Li Zhisui, *Ich war Maos Leibarzt,* Bergisch Gladbach 1994; Ian Kershaw, *Hitler,* zwei Bände, Stuttgart 1998.

27 Olaf Georg Klein, a.a.O.

28 Christian Morgenstern, *Werke und Briefe. Band V, Aphorismen,* hrsg. von Reinhardt Habel, Stuttgart 1987.

29 Blaise Pascal, a.a.O.

30 Ebd.

31 Jürgen Leinemann, *Höhenrausch. Die wirklichkeitsleere Welt der Poli-tiker,* München 2004:

32 Blaise Pascal, a.a.O.

33 Olaf Georg Klein, a.a.O.

34 Brief Goethes an Ludwig I. Aus: Ilma Rakusa, *Langsamer!* Essay 54, Graz / Wien 2006.

35 Marcel Proust, *Auf der Suche nach der verlorenen Zeit*, Bd. 1, Frank-furt 1975.

36 Rainer Maria Rilke, «Die Sonette an Orpheus», Erster Teil XXII,

aus: Rainer Maria Rilke, *Die Gedichte,* Frankfurt am Main 1990.

37 Olaf Georg Klein, a.a.O.

38 Friedrich Nietzsche, *Also sprach Zarathustra,* München 1980.

39 Tiziano Terzani, *Noch eine Runde auf dem Karussell. Vom Leben und Sterben,* München 2007.

40 Olaf Georg Klein, a.a.O.

41 Ebd.

42 Adelheid Petersen, «Dornach in den Jahren 1914/1915», in: *Erinnerungen an Rudolf Steiner,* hrsg. von Erika Beltle und Kurt Vierl, Stuttgart 1979.

43 Olaf Georg Klein, a.a.O.

44 Luciano De Crescenzo, *Geschichte der griechischen Philosophie,* Zürich 1988.

45 Verena Kast, *Vom Interesse und dem Sinn der Langeweile,* München 2003.

46 Sören Kierkegaard, *Entweder-Oder,* Kapitel: «Die Wechselwirtschaft», München 1993.

47 Graf Hermann Keyserling, *Das Reisetagebuch eines Philosophen. Der kürzeste Weg zu sich selbst führt um die Welt herum,* zweiter Band, Darmstadt 1921.

48 Gerhard Wisnewski, a.a.O.

49 Rudolf Steiner, *Geisteswissenschaftliche Grundlagen zum Gedeihen der Landwirtschaft,* Dornach 1963, GA 327.

50 Rainer Maria Rilke, *Das Stundenbuch. Vom mönchischen Leben,* Frankfurt a. M. 1990.

51 Anton Cechov, *Das Leben in Fragen und Ausrufen. Humoresken und Satiren 1880–1884,* Zürich 2001.

52 Tiziano Terzani, *Noch eine Runde …,* a.a.O.

53 Rudolf Steiner, Vortrag vom 2.11.1910 in Berlin, GA 115.

54 Leo N. Tolstoi, *Jugenderinnerungen,* Zürich 1976.

55 Rudolf Steiner, Vortrag vom 21.06.1922, GA 302a.

56 Rudolf Steiner, Vortrag vom 30.06.1923, GA 350.

57 Johann Wolfgang von Goethe, *Die Geheimnisse,* a.a.O.

58 Rudolf Steiner, Vortrag vom 23.11.1908, GA 108.

59 Friedrich Rittelmeyer, «Aphorismen», aus: Martina Kessel, *Langeweile. Zum Umgang mit Zeit und Gefühlen in Deutschland vom späten 18. bis zum frühen 20. Jahrhundert,* Göttingen 2001.

60 Sándor Márai, *Himmel und Erde. Betrachtungen*, München 2002.

61 Tiziano Terzani, *Noch eine Runde ...*, a.a.O.

62 Adelheid Petersen, Rudolf Steiner über Vortragstätigkeit und Zweigarbeit. In *Erinnerung an Rudolf Steiner*, a.a.O.

63 Tiziano Terzani, *Noch eine Runde ...*, a.a.O.

64 «Alter Mann auf dem Fort. Eine Parabel des taoistischen Philosophen Liehtse», aus: Lin Yutang, *Weisheit des lächelnden Lebens*, Frankfurt am Main 2004.

65 Sándor Márai, *Himmel und Erde ...*, a.a.O.

66 Sándor Márai, a.a.O.

67 Rudolf Steiner, Vortrag vom 5.12.1907, GA 56.

68 Rudolf Steiner, Vortrag vom 3.12.1907, GA 56.

69 Verena Kast, a.a.O.

70 Rudolf Steiner, Vortrag vom 24.5. 1912, GA 155.

71 Rudolf Steiner, Vortrag vom 23.5.1912, GA 155.

72 Rudolf Steiner, Vortrag vom 24.5.1912, GA 155.

73 Ebd.

74 Elli Michler, *Dir zugedacht*, München 2004.

75 Franz Kafka, *Betrachtungen über Leben, Kunst und Glauben.* Ausgewählt und mit einem Nachwort von Peter-André Alt, München 2007.

76 Rudolf Steiner, Vortrag vom 17.02.1910, GA 58.

Leseempfehlungen

Carr, Jonathan: *Gustav Mahler. Biografie,* München 1999.

Cechov, Anton: *Das Leben in Fragen und Antworten. Humoresken und Satiren 1880–1884,* Zürich 2001.

– *Eine langweilige Geschichte. Das Duell,* Kleine Romane I, Zürich 1976.

De Crescenzo, Luciano: *Geschichte der griechischen Philosophie,* Zürich 1988.

Dekkers, Midas: *An allem nagt der Zahn der Zeit. Vom Reiz der Vergänglichkeit,* München 2001.

Die *Vorsokratiker. Die Fragmente und Quellenberichte,* übersetzt und eingeleitet von Wilhelm Capelle, Stuttgart 1940.

Eckermann, Johann Peter: *Gespräche mit Goethe in den letzten Jahren seines Lebens,* hrsg. von Adolf Bartels, Band 1 und 2, Jena 1905.

Goethe, Johann Wolfgang von: *Gedichte. Versepen,* Frankfurt am Main / Leipzig 1993.

Gontscharow, Iwan: *Oblomow,* Zürich 1980.

Hell, Daniel: *Die Sprache der Seele verstehen. Die Wüstenväter als Therapeuten,* Freiburg im Breisgau 2005.

Hetmann, Frederik: *Reisender mit schwerem Gepäck. Die Lebensgeschichte des Walter Benjamin,* Weinheim / Basel 2004.

Jung Chang / Jon Halliday: *Mao. Das Leben eines Mannes. Das Schicksal eines Volkes,* München 2007.

Kast, Verena: *Vom Interesse und dem Sinn der Langeweile,* München 2003.

Keyserling, Graf Hermann: *Das Reisetagebuch eines Philosophen. Der kürzeste Weg zu sich selbst führt um die Welt herum,* 2. Band, Darmstadt 1921.

Kershaw, Ian: *Hitler,* zwei Bände Stuttgart 1998.

Kessel, Martina: *Langeweile. Zum Umgang mit Zeit und Gefühlen in Deutschland vom späten 18. bis zum frühen 20. Jahrhundert,* Göttingen 2001.

Kierkegaard, Sören: *Entweder-Oder,* München 1993.

Klein, Olaf Georg: *Zeit als Lebenskunst,* Berlin 2007.

Klein, Stefan: *Zeit. Der Stoff aus dem Leben ist. Eine Gebrauchsanleitung,* Frankfurt am Main 2006.

Konfuzius: *Gespräche (Lun-yu),* aus dem Chinesischen übers. und hrsg. von Ralf Moritz, Stuttgart 2003.

Koob, Olaf: *Wenn die Organe sprechen könnten. Grundlagen der leiblich-seelischen Gesundheit,* Stuttgart 2005.

Leinemann, Jürgen: *Höhenrausch. Die wirklichkeitsleere Welt der Politiker,* München 2005.

Lepenies, Wolf: *Melancholie und Gesellschaft,* Frankfurt am Main 1998.

Levine, Robert: *Eine Landkarte der Zeit. Wie Kulturen mit Zeit umgehen,* München 2007.

Lin Yutang: *Weisheit des lächelnden Lebens,* Frankfurt am Main 2004.

Márai, Sándor: *Himmel und Hölle. Betrachtungen,* München 2002.

Michler, Elli: *Dir zugedacht. Gedichte,* München 2004.

Montaigne, Michel de: *Von der Kunst das Leben zu lieben,* übers., ausgew. und hrsg. von Hans Stilett, München 2007.

Montefiore, Simon Sebag: *Stalin. The court of the Red Tsar,* London 2003.

Nadolny, Sten: *Die Entdeckung der Langsamkeit,* München 1992.

Napoleoni, Loretta: *Die Zuhälter der Globalisierung. Über Oligarchen, Hedge Fonds, 'Ndrangheta, Drogenkartelle und andere parasitäre Systeme,* München 2008.

Nietzsche, Friedrich: *Also sprach Zarathustra,* München 1980.

– *Die fröhliche Wissenschaft,* Frankfurt am Main 1983.

– *Menschlich, Allzumenschliches. Die moderne Unruhe,* Frankfurt am Main 1987.

Osten, Manfred: *«Alles veloziferisch» oder Goethes Entdeckung der Langsamkeit,* Frankfurt am Main 2003.

– *Das geraubte Gedächtnis. Digitale Systeme und die Zerstörung der Erinnerungskultur. Eine kleine Geschichte des Vergessens,* Frankfurt am Main / Leipzig 2004.

Pascal, Blaise : *Gedanken (Pensées),* nach der endgültigen Ausgabe übertragen von Wolfgang Rüttenauer, Leipzig o.J.

Petersen, Adelheid: «Dornach in den Jahren 1914/1915», aus: *Erinnerungen an Rudolf Steiner,* hrsg. von Erika Beltle und Kurt Vierl, Stuttgart 1979.

Proust, Marcel: *Auf der Suche nach der verlorenen Zeit,* Band 1, Frankfurt am Main 1975.

Rakusa, Ilma: *Langsamer!* Essay 54, Graz / Wien 2006.

Rilke, Rainer Maria: *Die Gedichte,* Frankfurt am Main 1990.

Schenk, Jakob: *Die Kunst der Selbstausbeutung. Wie wir vor lauter Arbeit unser Leben verpassen,* Köln 2007.

Schipperges, Heinrich: *Die Medizin in der Welt von morgen,* Düsseldorf / Wien 1976.

Schmid, Wilhelm: *Schönes Leben? Einführung in die Lebenskunst,* Frankfurt am Main 2005.

Steiner, Rudolf: *Anthroposophie – Psychosophie – Pneumatosophie,* Dornach 1965, Gesamtausgabe (GA) 115.

– *Die Beantwortung von Zeit- und Lebensfragen durch Anthroposophie,* GA 108.

– *Die Wissenschaft vom Werden des Menschen,* Dornach 1967, GA 183.

– *Erziehungsfragen im Reifealter,* Vortrag vom 21.6.1922, GA 302a.

– *Geisteswissenschaftliche Grundlagen zum Gedeihen der Landwirtschaft,* Dornach 1963, GA 327.

– *Rhythmen im Kosmos und im Menschenwesen. Wie kommt man zum Schauen der geistigen Welt?,* Dornach 1962, GA 350.

– *Wie erlangt man Erkenntnisse der höheren Welten?,* Dornach 1951, GA 10.

Terzani, Tiziano: *Noch eine Runde auf dem Karussell. Vom Leben und Sterben,* München 2007.

– *Das Ende ist mein Anfang. Ein Vater, ein Sohn und die große Reise des Lebens,* München 2007.

Tolstoi, Leo N.: *Wie viel Erde braucht der Mensch? Volkserzählungen. Jugenderinnerungen,* Stuttgart 1979.

Wisnewski, Gerhard: *Verheimlicht – Vertuscht – Vergessen. Was 2007 nicht in der Zeitung stand,* München 2008.

Zhisui, Dr. Li: *Ich war Maos Leibarzt,* Bergisch Gladbach 1994.

13 | **Hören auf den Grund des Lebens**
Begegnungen mit dem Schicksal. Zwei Erzählungen
von Ursula Grahl

14 | **Turm am Wasser**
Die Linien des Lebens: Höderlin
und Charlotte Zimmer
von Inge Ott

15 | **Ein neues Sehen der Welt**
Gegen die Verschmutzung des Ich
von Jacques Lusseyran

16 | **Warum haben Engel Flügel?**
Der Engel als Bild und Begegnung
von Hella Krause-Zimmer

17 | **Meditative Gebete**
für die heutige Zeit
von Adam Bittleston

18 | **Die dunkle Nacht der Seele**
Wege aus der Depression
von Olaf Koob

Verlag Freies Geistesleben
Bücher für den Wandel des Menschen

19 | **Psychologie**
als spirituelle Betätigung
von Kurt Vierl

20 | **In der Mitte der Mensch**
Offenbarungen und Geheimnisse in der Kunst
von Hella Krause-Zimmer

21 | **Puppe und Schmetterling**
Die Begegnung des Menschen mit sich selbst
von Erika Blattmann

22 | **Das vergessene Gemüt**
Kräfte aus den Tiefen der Seele
von Erhard Fucke

23 | **Die gläserne Brücke**
Zwischen Leben und Tod:
Novalis und Sophie von Kühn
von Inge Ott

24 | **Woher kommen wir – wohin gehen wir?**
Fragen nach wiederholten Erdenleben
von Dan Lindholm

Verlag Freies Geistesleben
Bücher für den Wandel des Menschen

25 | **Die Monatstugenden**
Zwölf Meditationen
herausgegeben von Jean-Claude Lin

26 | **Blick in eine andere Welt**
Begegnung mit Verstorbenen und geistigen Wesen
von Dagny Wegener

27 | **Mit Lyrik leben**
Berichte, Betrachtungen, Anregungen
von Erika Dühnfort

28 | **Das Wunder des Lachens**
Spiegelungen in Märchen und Mythos
von Dagmar Fink

29 | **Die Kunst der Seele**
Schritte auf dem Schulungsweg
von Florian Roder

30 | **Der siebenfache Flügelschlag der Seele**
Leben mit dem Rhythmus der Woche
von Wolfgang Hel

Verlag Freies Geistesleben
Bücher für den Wandel des Menschen

31 | **Finde dich neu**
Sechs Stufen zu einem kreativen Leben
von Michael Lipson

32 | **Vier Minuten Sternenzeit**
Leben mit den kleinen und großen Rhythmen der Zeit
von Wolfgang Held

33 | **Oktaven der Liebe**
Sieben Motive der Begegnung
von Dorothea Rapp

34 | **Lebenskunst als Lebenskraft**
Vom schöpferischen Umgang mit der Freiheit
von Mario Betti

35 | **Der Sternenhimmel der Vernunft**
Auf dem Weg der zwölf Weltanschauungen
von Corinna und Ralf Gleide

36 | **Leben mit dem Leben**
Zwölf Einsichten für die persönliche Entwicklung
herausgegeben von Jean-Claude Lin

Verlag Freies Geistesleben
Bücher für den Wandel des Menschen